CONCORDANCE DE
L'APOCALYPSE GRECQUE DE BARUCH

PUBLICATIONS DE L'INSTITUT ORIENTALISTE DE LOUVAIN

——————————————— 1 ———————————————

CONCORDANCE
DE L'APOCALYPSE GRECQUE
DE BARUCH

par Albert-Marie DENIS
maître de conférences à l'Université Catholique de Louvain

avec la collaboration de

Yvonne JANSSENS
première assistante à l'Université Catholique de Louvain

UNIVERSITÉ CATHOLIQUE DE LOUVAIN

INSTITUT ORIENTALISTE

LOUVAIN

1970

Les commandes doivent être adressées à l'adresse suivante :

INSTITUT ORIENTALISTE (Publications)
c/o Bibliothèque de l'Université
Pl. Mgr Ladeuze
B-3000 — LOUVAIN (Belgique)

D 1970/0602/1

PRÉFACE

L'Apocalypse grecque est moins connue que l'Apocalypse syriaque attribuée au même Baruch. Elle n'est pas, comme celle-ci, historique et eschatologique, mais cosmique. Elle décrit l'univers et les secrets des cinq cieux, visités par le voyant sous la conduite d'un ange. Elle est ainsi apparentée au voyage céleste d'Hénoch (cf. *Hen. aeth.*, 17-36), au « livre astronomique » de la même compilation (*ib.*, 72-82), de même qu'au *Testament d'Abraham*. Elle possède des thèmes particuliers, tels le Phénix avec le char du soleil, et la vigne, qui portait le fruit défendu au paradis terrestre.

L'*Apocalypse grecque de Baruch* fait partie de la littérature pseudépigraphique d'Ancien Testament, expression religieuse du judaïsme prérabbinique, dont relèvent également les écrits de Qumrân. En attendant la *Concordance* complète, en préparation, qui doit traiter l'ensemble de cette littérature en grec, la *Concordance de Baruch grec* veut mettre à la portée des critiques, cet écrit particulier, tout en servant de banc d'essai à la *Concordance* complète.

Louvain, 31 août 1969.

INTRODUCTION

L'édition de l'*Apocalypse grecque de Baruch* utilisée pour la concordance est celle de J.-Cl. Picard, *Apocalypsis Baruchi graece, Pseudepigrapha Veteris Testamenti graece*, II, Leyde, 1967, p. 61-96, voir le texte : p. 81-96. Seules, quelques erreurs, principalement d'accentuation, ont été corrigées, et parfois expliquées en note. Cette édition est basée sur les deux manuscrits grecs connus, le Br.Mus.Add. 10.073, fol. 173-184, de la fin du 15ᵉ s., dit *A* par l'éditeur, et Andros Hagia 46, fol. 153v-161v, du début du 15ᵉ s., dit *B* par l'éditeur. Les deux mss proviennent chacun séparément du même archétype (cf. *éd.*, p. 68-69).

La *Concordance* se répartit en deux sections, la concordance proprement dite, disposant les termes munis de leur contexte, et les registres, où les références seules sont énumérées, sans contexte.

La concordance proprement dite classe tous les termes à valeur propre de l'*Apocalypse*, y compris les noms propres de toute espèce. Les termes présents dans les seuls registres sont indiqués par un renvoi à leur place alphabétique respective.

(ἄγγελος 4, 8)   Lorsque le même mot se trouve deux fois dans le même paragraphe, et que les deux lemmes où il se présente se suivent sans interruption, le second de ces lemmes est écrit simplement à la ligne, sans répéter la référence. Si la répétition se fait sans aucun intervalle, il n'y a pas

(ἅγιος *Tit*. 2)   d'alinéa. S'il se trouve deux fois dans le même paragraphe, mais à une distance telle que les lemmes ne se suivent pas immédiatement,

(ἀγαθός *4,17*)   les chiffres de la référence sont répétés en italique.

ὅτι...   Autant que possible, le genre de phrase où se situe le terme est indiqué par les conjonctions ou toute autre particule. De même l'antécédent est donné au pronom relatif, ainsi que le ou les termes qui interviennent dans une proposition où ils sont sous-entendus. Ils

(βοῦς 2,3)   sont alors transcrits dans l'état de leur dernier emploi dans le texte, même si celui-ci ne correspond pas à leur fonction dans le lemme en question.

Les termes parallèles sont régulièrement exprimés, principalement pour les verbes, les substantifs et adjectifs.

Dans les énumérations, les termes sont alignés par trois, avec les

termes précédant et suivant, et le verbe. Lorsque le lemme introduit
une énumération, celle-ci est indiquée par des points de suspension.

(θεωρέω 8,5)

Les variantes textuelles de vocabulaire sont indiquées, avec les
mss où elles se trouvent, au mot qui varie et aux termes directement
intéressés par le sens de la variante. Les variantes de forme et d'ortho-
graphe ne sont pas notées, excepté pour une raison particulière.

B *om* B

Les passages indiscutablement chrétiens sont marqués de deux
croix. En fait, le seul à entrer en ligne de compte est le § 4, 15, où
la vigne, maudite par ailleurs, est réhabilitée par l'Eucharistie. Cer-
tains critiques y joignent 9, 7, sur le premier Adam; 13, 4, relevant
de la spiritualité byzantine, voire du gnosticisme; 15, 4, rappelant
Mtt., 25, 21. Mais, à tout prendre, ces passages pourraient à la rigueur
se comprendre sous la plume d'un auteur juif, et ils ne sont donc pas
marqués.

✝ ... ✝

Les abréviations ne sont pas employées dans le corps de la concor-
dance. Cependant, la conjonction *καί* est indiquée par κ., de même
l'article par son initiale, lorsqu'il s'écrit par trois lettres ou plus,
et que toute amphibologie est exclue. Il sera donc écrit en toutes
lettres lorsqu'un complément le sépare du substantif auquel il s'articule,
devant les mots invariables, et devant les noms au genre insolite.

κ.

τ.

τῶν νῦν ἀνθρ.
τοῦ τεκεῖν
τῆς ἀμπελοῦ

Les formes verbales empruntées à d'autres racines pour certaines
parties de la conjugaison sont groupées sous la forme de l'indicatif
présent. A l'occasion, des renvois le rappellent.

εἶδον, cf. ὁράω

Les mots inusités sont notés d'un astérisque lorsqu'ils ne se rencon-
trent pas dans les dictionnaires du grec antique ou byzantin.

* *κάνισκος*

La ponctuation à l'intérieur du lemme est celle de l'édition; à la
fin du lemme ne sont indiquées que les fins de phrase.

1,2... *αὐτόν;*

Les majuscules sont celles de l'édition, même à l'initiale.

Les corrections et hypothèses des critiques ne sont pas retenues.

Les registres constituent la deuxième partie de la *Concordance*.
Ils concernent les particules et termes généraux qui, dans une concor-
dance, ne servent que de façon épisodique mais prennent une place
considérable. Leur omission complète, cependant, rendrait difficiles
certaines recherches, c'est pourquoi ils sont maintenus de cette manière.
Il s'agit des pronoms, articles, prépositions, conjonctions, adverbes
généraux, particules de coordination, interjections, et du verbe *εἶναι*.

Quelques-uns de ces termes figurent cependant également dans la
concordance, en raison de l'utilité particulière à connaître leur contexte.

Ce sont les formes au nominatif des pronoms ἐγώ-ἡμεῖς, σύ-ὑμεῖς et οὐδείς-μηδείς, ainsi que de la particule μέν et du καί à valeur adverbiale.

αὐτός
αὐτοῦ

Les différents cas des mots déclinables sont groupés séparément, sous les sous-titres correspondants.

ἀλλά 7,2[1]

Les sens les plus typiques des termes présents au registre sont indiqués par un chiffre mis en exposant à la référence et se reportant à une liste donnée en tête de l'article. Si un emploi revêt deux sens simultanément, deux chiffres en exposant le signalent.

μή 7,6[1, 4]

ἀλλά 9,8 (bis)
αὐτοῦ 4,17[1] (bis)
1,3 (bis)[21]
αὐτῷ 4,15[1]; 4, 15

Si le même terme est employé deux fois ou plus dans le même paragraphe, l'indication (bis), (ter), etc. le remarque. Si tous ces emplois ont un certain sens typique, l'exposant avant l'indication le signale; si le dernier emploi seul possède ce sens, l'exposant suit l'indication; si le premier seul est dans ce cas, la référence est répétée.

καί 1,3

Le καί initial d'une proposition a une valeur particulière en ce qu'il suggère une origine sémitique, au moins possible, du texte. La référence mise en italique le note, sans se prononcer autrement sur cette valeur.

ὅς 6,16 (om. B)

Les variantes des mss sont signalées après la référence.

Les gloses chrétiennes ne sont pas indiquées dans les registres.

I. CONCORDANCE

'Αβιμελέχ
  Tit. 2 ὅτε κ. 'Αβιμελὲχ ἐπὶ 'Αγροίππα τὸ χωρίον τῇ χειρὶ θεοῦ
    διεφυλάχθη

"Αβυρος
  4,7 ποταμούς, ὧν οἱ πρῶτοι πάντων 'Αλφίας κ. "Αβυρος κ.
    ὁ Γηρικός

ἀγαθός
  4,17 κλῆμα τῆς ἀμπέλου... Πᾶν γὰρ ἀγαθὸν δι' αὐτοῦ γίνεται.
  4,17 Κ. οὐδὲν ἀγαθὸν δι' αὐτοῦ κατορθοῦται.
  11,9 ἔνθα προσέρχονται αἱ ἀρεταὶ τ. δικαίων κ. ὅσα ἐργάζονται
    ἀγαθά
  13,3 πονηροῖς... ὅτι οὐκ ἔστιν ἐν αὐτοῖς οὐδὲν ἀγαθόν
  13,4 Οὐ γὰρ εἴδομεν αὐτοὺς εἰσελθεῖν... οὐδὲ εἰς πνευματικοὺς
    πατέρας, οὐδὲ εἰς ἀγαθὸν ἕν.

ἄγγελος
  1,3 Κ. ἰδού... ὁρῶ ἄγγελον Κυρίου ἐλθόντα κ. λέγοντά μοι
  1,6 Κ. λέγει μοι ὁ ἄγγελος · Παῦσον τ. θεὸν παροξύνειν
  1,8 Κ. εἶπέν μοι ὁ ἄγγελος τ. δυνάμεων · Δεῦρο κ. ὑποδείξω σοι
  2,4 Κ. ἠρώτησα ἐγὼ Βαροὺχ τ. ἄγγελον · 'Ανάγγειλόν μοι
  2,5 Κ. εἶπέν μοι ὁ ἄγγελος, οὗ τὸ ὄνομα αὐτοῦ Φαμαῆλ · 'Η
    θύρα αὕτη
  2,6 Κ. πάλιν λέγει μοι ὁ ἄγγελος τ. δυνάμεων · Δεῦρο κ.
    ὑποδείξω σοι
  3,1 Κ. λαβών με ὁ ἄγγελος Κυρίου ἤγαγέν με εἰς δεύτερον
    οὐρανόν.
  3,4 Κ. ἠρώτησα τ. ἄγγελον · Δέομαί σου, Κύριε, εἰπέ μοι
  4,2 Κ. εἶπέν μοι ἄγγελος · Δεῦρο διέλθωμεν.
    [...] μετὰ τ. ἀγγέλου ἀπὸ τ. τόπου ἐκείνου
  4,5 Κ. εἶπεν ὁ ἄγγελος · 'Ο μὲν δράκων ἐστὶν ὁ τὰ σώματα...
    ἐσθίων
  4,7 Κ. εἶπεν ὁ ἄγγελος · "Ακουσον

4,8   Κ. εἶπεν ὁ ἄγγελος ·
      'Η ἄμπελός ἐστιν, ἣν ἐφύτευσεν ὁ ἄγγελος Σαμαήλ

4,10 Κ. εἶπεν ὁ ἄγγελος · 'Ορθῶς ἐρωτᾷς

4,15 ✝'Απέστειλε δὲ ὁ θεὸς τ. ἄγγελον αὐτοῦ (¹) τὸν Σαρασαήλ✝

5,1   Κ. εἶπον ἐγὼ Βαροὺχ πρὸς τ. ἄγγελον · 'Επερωτῶ σε

5,3   Κ. εἶπεν ὁ ἄγγελος · 'Η κοιλία τούτου ὁ ῞Αδης ἐστίν.

6,2   ἐλαυνόμενον τὸ ἅρμα ὑπ' ἀγγέλων τεσσαράκοντα.

6,3   Κ. εἶπον τ. ἄγγελον · Τί ἐστι τὸ ὄρνεον τοῦτο ;

6,5   Κ. εἶπέν μοι ὁ ἄγγελος · Τοῦτο τὸ ὄρνεον παρατρέχει
      τῷ ἡλίῳ

6,8   Κ. εἶπέν μοι ὁ ἄγγελος · 'Ανάγνωθι ταῦτα.

6,10 Κ. εἶπέν μοι ὁ ἄγγελος · Φοῖνιξ καλεῖται τὸ ὄνομα αὐτοῦ.

6,13 Κ. ἠρώτησα τ. ἄγγελον · Κύριέ μου, τί ἐστιν ἡ φωνὴ αὕτη ;

6,13 Κ. εἶπέν μοι ὁ ἄγγελος.
      ῎Αρτι ἀνοίγουσιν οἱ ἄγγελοι τὰς... πύλας τ. οὐρανοῦ

6,16 'Ο ἥλιος γὰρ ἑτοιμάζεται ὑπὸ τ. ἀγγέλων

7,2   Κ. εἶπέν μοι ὁ ἄγγελος · ῎Ακουσον, Βαρούχ

7,4   ὁρῶ... τ. ἥλιον... κ. τ. ἀγγέλους μετ' αὐτοῦ φέροντας κ.
      στέφανον

7,5   κ. ὑπεκρύβην ἐν ταῖς πτέρυξι τ. ἀγγέλου.

7,6   Κ. εἶπέν μοι ὁ ἄγγελος · Μὴ φοβοῦ, Βαρούχ

8,1   ὁρῶ... κ. τ. ἥλιον μετὰ τ. ἀγγέλων ἐρχόμενον.

8,1   Κ. ἅμα τῷ ἐλθεῖν αὐτὸν ὁρῶ τ. ἀγγέλους

8,4   Κ. εἶπέν μοι ὁ ἄγγελος ·
      'Ο στέφανος... λαμβάνουσι τέσσαρες ἄγγελοι τοῦτον κ.
      ἀναφέρουσιν

8,5   Κ. εἶπέν μοι ὁ ἄγγελος · θεωρῶν τ. ἀνομίας κ. τ. ἀδικίας

9,3   Κ. εἶπεν ὁ ἄγγελος · 'Ανάμεινον, κ. ὄψει

9,3   Κ. ἦσαν... βόες κ. ἀμνοὶ ἐν τῷ ἅρματι, κ. πλῆθος ἀγγέλων
      ὁμοίως.

9,4   Κ. εἶπέν μοι · ῎Αγγελοί εἰσι κ. αὐτοί.

9,8   Κ. εἶπεν ὁ ἄγγελος · ῎Ακουσον

10,4 Κ. ἠρώτησα τ. ἄγγελον · Τί ἐστι τὸ πεδίον

10,5 Κ. εἶπεν ὁ ἄγγελος · ῎Ακουσον, Βαρούχ

10,7 Κ. εἶπον πάλιν τ. ἄγγελον Κυρίου · Τὰ δὲ ὄρνεα ;

10,9 Κ. εἶπεν ὁ ἄγγελος · Τὸ μὲν βρέχον ἀπὸ τ. θαλάσσης... κ.
      τοῦτό ἐστιν

(¹) L'éditeur omet le pronom, sans doute par erreur.

11,1 Κ. ἀπὸ τούτου λαβών με ὁ ἄγγελος ἤγαγέν με εἰς πέμπτον οὐρανόν.

11,2 Κ. εἶπέν μοι ὁ ἄγγελος · Οὐ δυνάμεθα εἰσελθεῖν

11,6 Μιχαήλ, κ. συνήντησεν αὐτῷ ὁ ἄγγελος ὁ ὢν μετ' ἐμοῦ

12,1 ἰδοὺ ἦλθον ἄγγελοι φέροντες κανίσκια γέμοντα ἀνθῶν

12,2 Κ. ἠρώτησα τ. ἄγγελον · Κύριε, τίνες εἰσὶν οὗτοι

12,3 Οὗτοί εἰσιν ἄγγελοι ἐπὶ τ. ἐξουσιῶν.

12,5 Κ. λέγει μοι ὁ ἄγγελος · Ταῦτα τὰ ἄνωθέν εἰσιν αἱ ἀρεταὶ τ. δικαίων.

12,6 Κ. εἶδον ἑτέρους ἀγγέλους φέροντας κανίσκια κενὰ οὐ γέμοντα.

12,7 Δεῦτε κ. ὑμεῖς, ἄγγελοι, φέρετε ὃ ἠνέγκατε.

12,8 Κ. ἐλυπήθη Μιχαὴλ σφόδρα κ. ὁ μετ' ἐμοῦ ἄγγελος

13,1 ἦλθον ἕτεροι ἄγγελοι κλαίοντες κ. ὀδυρόμενοι κ. μετὰ φόβου λέγοντες

13,5 Κ. εἶπεν Μιχαὴλ τ. ἀγγέλους · Ἐκδέξασθε

14,2 Κ. ἠρώτησα τ. ἄγγελον · Τί ἐστιν ἡ φωνή;

15,2 Κ. τ. ἀγγέλους τ. ἐνεγκόντας τὰ κανίσκια πλήρη ἐπλήρωσεν αὐτὰ ἐλαίῳ λέγων

17,2 Κ. λαβών με ὁ ἄγγελος ἀπεκατέστησέν με εἰς τὸ ἀπ' ἀρχῆς.

ἅγιος
    Tit. 2 ἐπὶ τ. ὡραίας πύλας, ὅπου ἔκειτο τὰ τ. ἁγίων ἅγια.

Ἀγροίππα
    Tit. 2 ὅτε κ. Ἀβιμελὲχ ἐπὶ Ἀγροίππα τὸ χωρίον τῇ χειρὶ θεοῦ διεφυλάχθη

ἄγω
    2,1 ὁ ἄγγελος... ἤγαγέν με ὅπου ἐστήρικται ὁ οὐρανός, κ. ὅπου ἦν ποταμὸς ὄν...

    2,2 Κ. λαβών με ἤγαγέν με ἐπὶ τ. πρῶτον οὐρανόν

    3,1 Κ. λαβών με ὁ ἄγγελος Κυρίου ἤγαγέν με εἰς δεύτερον οὐρανόν.

    6,1 Κ. λαβών με ἤγαγέν με ὅπου ὁ ἥλιος ἐκπορεύεται.

    8,1 ὁ ἄγγελος... Κ. λαβών με ἤγαγέν με ἐπὶ δυσμάς.

    10,1 παρὰ τ. ἀρχαγγέλου, λαβὼν ἤγαγέν με εἰς τρίτον οὐρανόν.

    11,1 ὁ ἄγγελος ἤγαγέν με εἰς πέμπτον οὐρανόν.

Ἀδάμ

4,8   δεῖξόν μοι τί τὸ ξύλον τὸ πλανῆσαν τὸν Ἀδάμ ;

4,8   Ἐν ᾧ κ. διὰ τοῦτο οὐ συνεχώρησεν τὸν Ἀδὰμ ἅψασθαι αὐτοῦ.

4,13   τὸ κλῆμα... Ἄρα φυτεύσω..., ἐπεὶ Ἀδὰμ δι᾽ αὐτοῦ ἀπώλετο

4,16   ὅτι ὥσπερ ὁ Ἀδὰμ δι᾽ αὐτοῦ τοῦ ξύλου τ. καταδίκην ἔλαβεν κ. ... ἐγυμνώθη

4,16   οὕτως κ. οἱ νῦν ἄνθρωποι ... χεῖρον τοῦ Ἀδὰμ τ. παράβασιν ἀπεργάζονται

9,7   Κ. ἐν τῇ παραβάσει τ. πρώτου Ἀδὰμ παρῆψε τῷ Σαμαὴλ

ἀδελφός

4,17   οὔτε ἀδελφὸς ἀδελφὸν ἐλεεῖ, οὔτε πατὴρ υἱόν

11,7   Χαίροις κ. σύ, ὁ ἡμέτερος ἀδελφὸς κ. ὁ τὰς ἀποκαλύψεις διερμηνεύων

17,4   Ὦ κ. ὑμεῖς, ἀδελφοί, οἱ τυχόντες τ. τοιαύτης ἀποκαλύψεως, δοξάσατε

Ἅδης

4,3   Κ. ἔδειξέν μοι πεδίον... κ. ἔδειξέν μοι τ. Ἅδην

4,6   ἀπηνής... κ. οὗτός ἐστιν ὁ Ἅδης, ὅστις κ. αὐτὸς παρόμοιός ἐστιν αὐτοῦ

5,3   ὁ δράκων... Ἡ κοιλία τούτου ὁ Ἅδης ἐστίν.

ἀδικία

8,5   θεωρῶν τ. ἀνομίας κ. τ. ἀδικίας τ. ἀνθρώπων ἤγουν πορνείας

13,3   ὅτι οὐκ ἔστιν ἐν αὐτοῖς... ἀλλὰ πᾶσα ἀδικία κ. πλεονεξία.

ἀεί

9,8   Ἀεὶ γὰρ οἱ ἀστέρες κρέμανται

17,4   ὅπως κ. αὐτὸς δοξάσῃ ἡμᾶς νῦν κ. ἀεὶ κ. εἰς τ. αἰῶνας

αἷμα

4,15   †κ. τὸ παρ᾽ αὐτοῦ γεννώμενον γενήσεται αἷμα θεοῦ†

αἴξ

2,3   Κ. ἦσαν ἄνθρωποι... ὦν... τὰ δὲ κέρατα ἐλάφων, οἱ δὲ πόδες αἰγῶν αἴρω

4,10 εἰσῆλθε τὸ ὕδωρ εἰς τ. παράδεισον κ. ἦρεν (sic, A ειρεν)
πᾶν ἄνθος

8,1 τ.ἀγγέλους, κ. ἦραν (sic) τ. στέφανον ἀπὸ τ. κορυφῆς αὐτοῦ.

8,3 διὰ τί ἦραν (sic) τ. στέφανον ἀπὸ τ. κεφαλῆς τ. ἡλίου

αἰτέω

13,2 ἀλλ᾽ εἴπατέ μοι τί αἰτεῖσθε.

αἰτία

4,9 Κ. ἐπεὶ τοσούτου κακοῦ αἰτία γέγονεν ἡ ἄμπελος

αἰχμαλωσία

Tit. 2 Ἀποκάλυψις Βαρούχ..., κλαίων ὑπὲρ τ. αἰχμαλωσίας
Ἱερουσαλήμ

αἰών

17,4 ὅπως... δοξάσῃ ἡμᾶς νῦν κ. ἀεὶ κ. εἰς τ. αἰῶνας τ. αἰώνων.
Ἀμήν.

αἰώνιος

4,16 οὕτως κ. οἱ ἄνθρωποι... κ. τῷ αἰωνίῳ πυρὶ ἑαυτοὺς
προξενοῦσιν.

ἀκοντίζομαι

5,3 Κ. ὅσον ἀνδρῶν τριακοσίων μόλιβδος ἀκοντίζεται, τοσαύτη
ἐστὶν ἡ κοιλία αὐτοῦ.

ἀκούω

1,5 ἡ γὰρ δέησίς σου ἠκούσθη ἐνώπιον αὐτοῦ κ. εἰσῆλθεν

1,7 ἐὰν ὑποδείξῃς μοι κ. ἀκούσω παρά σου λόγον, οὐ μὴ
προσθήσω ἔτι λαλῆσαι

4,7 Κ. εἶπεν ὁ ἄγγελος · Ἄκουσον

6,15 Κ. ἀκούσας τ. κτύπον τ. ὀρνέου, εἶπον

7,2 Κ. εἶπέν μοι ὁ ἄγγελος. Ἄκουσον, Βαρούχ

9,6 Ἄκουσον, ὦ Βαρούχ

9,8 Κ. εἶπεν ὁ ἄγγελος · Ἄκουσον

10,5 Κ. εἶπεν ὁ ἄγγελος · Ἄκουσον, Βαρούχ

ἀ κ ρ ί ς

16,3   "Ετι σὺν τούτοις ἐξαποστείλατε... ἐρυσίβην κ. ἀκρίδα,
        χάλαζαν

ἀ κ τ ί ς

6,5   Κ. τ. πτέρυγας ἐφαπλῶν δέχεται τὰς πυριμόρφους ἀκτῖνας
       αὐτοῦ

8,4   Ὁ στέφανος... κ. ἀνακαινίζουσιν αὐτόν, διὰ τὸ μεμολύνθαι
       αὐτὸν κ. τ. ἀκτῖνας αὐτοῦ ἐπὶ τ. γῆς.

8,4   Ὁ στέφανος τ. ἡλίου... κ. διὰ τί μολύνονται αἱ ἀκτῖνες
       αὐτοῦ ἐπὶ τ. γῆς ;

8,6   ἐπεὶ διὰ τὸ κατέχειν τὰς τ. ἡλίου ἀκτῖνας,... ὡς δι' αὐτοῦ
       ταπεινοῦται.

8,7   Εἰ μὴ γὰρ αἱ τούτου πτέρυγες... περιέσκεπον τὰς τ.
       ἡλίου ἀκτῖνας

ἀ λ έ κ τ ω ρ

6,16   Τοῦτό ἐστι τὸ ἐξυπνίζον τοὺς ἐπὶ γῆς ἀλέκτορας

6,16   ὡς γὰρ τὰ δίστομα, οὕτως κ. ὁ ἀλέκτωρ (ὡς... om. B)
       μηνύει τοῖς ἐν τῷ κόσμῳ

6,16   ὁ ἥλιος γὰρ ἑτοιμάζεται... κ. φωνεῖ ὁ ἀλέκτωρ.

7,1   Κ. ποῦ ἀποσχολεῖται ὁ ἥλιος ἀφ' οὗ ὁ ἀλέκτωρ φωνεῖ ;

ἀ λ λ ά (cf. Reg.)

ἀ λ λ ή λ ω ν (cf. Reg.)

ἄ λ λ ο ς

1,2   κ. ἵνα τί, Κύριε, οὐκ ἀπέδωκας ἡμᾶς ἐν ἄλλῃ παιδείᾳ

1,6   κ. ὑποδείξω σοι ἄλλα μυστήρια τούτων μείζονα.

9,6   τ. σελήνης... ὡραία ἦν γεγραμμένη ὑπὸ θεοῦ ὡς οὐκ ἄλλη.

10,5   τὸ μὲν πεδίον ἐστὶ τὸ περιέχον τ. λίμνην κ. ἄλλα θαυμαστὰ
       ἐν αὐτῷ

Ἀ λ φ ί α ς

4,7   ποταμούς, ὧν οἱ πρῶτοι πάντων Ἀλφίας κ. "Αβυρος κ.
       ὁ Γηρικός

ἄ λ ω ν

6,7   Κ. εἶδον... γράμματα παμμεγέθη ὡς ἄλωνος τόπον
       ἔχων μέτρον ὡσεὶ...

ἄμα (cf. Reg.)

ἀμήν
17,4   ὅπως... δοξάσῃ ἡμᾶς... κ. εἰς τ. αἰῶνας τ. αἰώνων. Ἀμήν.

ἀμνός
9,3   Κ. ἦσαν... βόες, κ. ἀμνοὶ ἐν τῷ ἅρματι, κ. πλῆθος ἀγγέλων
        ὁμοίως.
9,4   τί εἰσιν οἱ βόες κ. οἱ ἀμνοί;

ἄμπελος
4,8   Ἡ ἄμπελός ἐστιν, ἣν ἐφύτευσεν ὁ ἄγγελος Σαμαήλ
4,8   ὁ διάβολος ἠπάτησεν αὐτὸν διὰ τῆς ἀμπέλου αὐτοῦ.
4,9   Κ. ἐπεὶ τοσούτου κακοῦ αἰτία γέγονεν ἡ ἄμπελος κ.
        κατάρας ὑπόδικος
4,10   τὸ δὲ κλῆμα τῆς ἀμπέλου ἐξώρισεν εἰς τὸ παντελὲς κ.
        · ἐξέβαλεν ἔξω.

ἀμπελών
1,2   Κύριε, ἵνα τί ἐξέκαυσας τ. ἀμπελῶνά σου κ. ἠρήμωσας
        αὐτόν;

ἄν (cf. Reg.)

ἀναγγέλλω
1,4   ἀπέστειλε γάρ με... ὅπως ἀναγγείλω κ. ὑποδείξω σοι
        πάντα τ. θεοῦ.
2,4   Ἀνάγγειλόν μοι... τί ἐστιν τὸ πάχος τ. οὐρανοῦ ἐν ᾧ
        ὡδεύσαμεν

ἀναγιγνώσκω
6,8   Κ. εἶπέν μοι ὁ ἄγγελος · Ἀνάγνωθι ταῦτα.
        Κ. ἀνέγνων. Κ. ἔλεγον οὕτως

ἀναίρεσις
4,9   ἡ ἄμπελος... κατάρας ὑπόδικος παρὰ θεοῦ κ. τ. πρωτο-
        πλάστου ἀναίρεσις

ἀνακαινίζω
8,4   Ὁ στέφανος τ. ἡλίου ... τέσσαρες ἄγγελοι... κ. ἀναφέ-
        ρουσιν... κ. ἀνακαινίζουσιν αὐτόν

8,4   Κ. λοιπὸν καθ' ἑκάστην ἡμέραν οὕτως ἀνακαινίζεται.
8,5   Ὁ στέφανος τ. ἡλίου... διὰ ταῦτα μολύνεται κ. διὰ τοῦτο
      ἀνακαινίζεται.

ἀνάκλησις
   4,15 †τὸ γένος τ. ἀνθρώπων... ἐν αὐτῷ μέλλουσιν τ. ἀνάκλησιν
         προσλαβεῖν κ. τὴν ... εἴσοδον.†

ἀναμένω
   9,3   'Ανάμεινον κ. ὄψει κ. ταύτην ὡς μετ' ὀλίγον.
   11,2 ἀλλ' ἀνάμεινον κ. ὄψει τ. δόξαν τ. θεοῦ.

ἀναπληρόω
   7,3   ὁρῶ τὸ ὄρνεον... κ. πρὸς μικρὸν μικρὸν ηὔξανε, κ. ἀνεπλη-
         ροῦτο.

ἀναπτερόω
   3,2   Κ. εἰσήλθομεν ἀναπτερωμένοι ὡσεὶ πορείας ὁδοῦ ἡμερῶν
         ἑξήκοντα.

ἀναφαίνω
   7,3   ὁρῶ τὸ ὄρνεον κ. ἀνεφάνη ἔμπροσθεν

ἀναφέρω
   8,4   Ὁ στέφανος... λαμβάνουσι τέσσαρες ἄγγελοι... κ. ἀνα-
         φέρουσιν εἰς τ. οὐρανὸν κ. ἀνακαινίζουσιν

ἀναχωρέω
   17,1 ἐκλείσθη ἡ θύρα, κ. ἡμεῖς ἀνεχωρήσαμεν.

ἀνέρχομαι
   4,10 κ. ἀνῆλθεν τὸ ὕδωρ ἐπάνω τ. ὑψηλῶν ἐπὶ πήχεις δεκάπεντε

ἀνήρ
   1,3   Σύνες, ὦ ἄνθρωπε, ἄνερ ἐπιθυμιῶν
   3,5   Αὐτοὶ... ἐξέβαλλον πλήθη ἀνδρῶν τε κ. γυναικῶν εἰς τὸ
         πλινθεύειν.
   5,3   Κ. ὅσον ἀνδρῶν τριακοσίων μόλιβδος ἀκοντίζεται, τοσαύτη
         ἐστὶν ἡ κοιλία αὐτοῦ.

ἄνθος

4,10   εἰσῆλθε τὸ ὕδωρ εἰς τ. παράδεισον, κ. ἦρεν πᾶν ἄνθος
12,1   ἰδοὺ ἦλθον ἄγγελοι φέροντες κανίσκια γέμοντα ἀνθῶν
12,5   Ταῦτα τὰ ἄνθη (cjtur ; mss ἄνωθεν) εἰσὶν αἱ ἀρεταὶ τ. δικαίων.

ἄνθρωπος

1,3   Σύνες, ὦ ἄνθρωπε, ἄνερ ἐπιθυμιῶν
2,3   πεδίον. Κ. ἦσαν ἄνθρωποι κατοικοῦντες ἐν αὐτῷ, ὧν
       τὰ πρόσωπα βοῶν...
2,4   Ἀνάγγειλόν μοι... ἵνα κἀγὼ ἀπαγγείλω τ. υἱοῖς τ. ἀν-
       θρώπων.
2,7   δεῖξόν μοι τί εἰσιν οἱ ἄνθρωποι οὗτοι ;
3,3   Κ. ἔδειξέν μοι κἀκεῖ πεδίον, κ. ἦν πλῆρες ἀνθρώπων
4,15   †τὸ κλῆμα... κ. ὥσπερ ὑπ᾽ αὐτοῦ τ. καταδίκην ἔλαβεν
       τὸ γένος τ. ἀνθρώπων†
4,16   οὕτως κ. οἱ νῦν ἄνθρωποι... χεῖρον τοῦ Ἀδὰμ τ. παράβασιν
       ἀπεργάζονται
6,2   Κ. ἐπὶ τ. ἅρματος ἄνθρωπος καθήμενος φορῶν στέφανον
       πυρός
6,6   εἰ μὴ γὰρ ταύτας ἐδέχετο, οὐκ ἂν τ. ἀνθρώπων γένος
       ἐσώζετο
8,5   θεωρῶν τ. ἀνομίας κ. τ. ἀδικίας τ. ἀνθρώπων, ἤγουν
       πορνείας...
10,8   κ. πῶς λέγουσιν οἱ ἄνθρωποι ὅτι ἀπὸ τ. θαλάσσης ἐστὶ
       τὸ ὕδωρ
11,4   Μιχαὴλ ἵνα δέξηται τ. δεήσεις τ. ἀνθρώπων.
13,1   ὅτι πονηροῖς ἀνθρώποις παρεδόθημεν, κ. θέλομεν ὑποχω-
       ρῆσαι ὑπ᾽ αὐτῶν.
13,3   ὅτι οὐ δυνάμεθα ἀνθρώποις πονηροῖς κ. ἄφροσι προσμένειν
14,2   Ἄρτι προσφέρει Μιχαὴλ τὰς τ. ἀνθρώπων ἀρετὰς τῷ θεῷ.
15,3   ἀπολάβετε τ. μισθόν... κ. ἀπόδοτε τ. υἱοῖς τ. ἀνθρώπων.
16,1   μηδὲ ἐάσατε τ. υἱοὺς τ. ἀνθρώπων.

ἀνίστημι

4,15   †Κ. εἶπεν αὐτῷ · Ἀναστάς, Νῶε, φύτευσον τὸ κλῆμα†

ἀνοίγω

6,13   Ἄρτι ἀνοίγουσιν οἱ ἄγγελοι τ. ... πύλας τ. οὐρανοῦ
11,2   οὐκ ἀνοίγεται ὁ πυλὼν οὗτος ὅπως εἰσέλθωμεν ;

11,5   Κ. ἰδοὺ ἦλθεν φωνή · Ἀνοιγήτωσαν αἱ πύλαι.
       Κ. ἤνοιξαν · κ. ἐγένετο τρισμὸς ὡς βροντῆς.

15,1   Κ. αὐτῇ τῇ ὥρᾳ κατῆλθεν ὁ Μιχαήλ, κ. ἠνοίγη ἡ πύλη

ἀνομία

8,5   Θεωρῶν τ. ἀνομίας κ. τ. ἀδικίας τ. ἀνθρώπων, ἤγουν
       πορνείας...

ἀντοφθαλμέω

7,4   κ. στέφανον... οὗ τ. θέαν οὐκ ἠδυνήθημεν ἀντοφθαλμῆσαι
       κ. ἰδεῖν.

ἀνυμνέω

10,7   Αὐτά εἰσιν ἃ διαπαντὸς ἀνυμνοῦσι τ. Κύριον.

ἄνωθεν

12,5   Ταῦτα τὰ ἄνωθέν (cjtur ἄνθη) εἰσιν αἱ ἀρεταὶ τ. δικαίων.

ἀξιόω

17,3   δόξαν ἔφερον τῷ θεῷ τῷ ἀξιώσαντί με τοιούτου ἀξιώματος.

ἀξίωμα

17,3   δόξαν ἔφερον τῷ θεῷ τῷ ἀξιώσαντί με τοιούτου ἀξιώματος.

ἀορασία

3,8   ὁ θεὸς... ἐπάταξεν αὐτοὺς ἐν ἀορασίᾳ κ. ἐν γλωσσαλλαγῇ

ἀπαγγέλλω

2,4   Ἀνάγγειλόν μοι ... ἵνα κἀγὼ ἀπαγγείλω τ. υἱοῖς τ.
       ἀνθρώπων.

ἀπατάω

4,8   ὁ διάβολος ἠπάτησεν αὐτὸν διὰ τῆς ἀμπέλου αὐτοῦ.

ἀπεργάζομαι

4,16   οὕτως κ. οἱ νῦν ἄνθρωποι... χεῖρον τοῦ Ἀδὰμ τ. παράβασιν
       ἀπεργάζονται

ἀπέρχομαι

9,2   σελήνης... δεῖξόν μοι... πῶς ἐξέρχεται ; κ. ποῦ ἀπέρχεται ;

14,1   Κ. αὐτῇ τῇ ὥρᾳ ἀπῆλθεν ὁ Μιχαήλ, κ. ἐκλείσθησαν αἱ θύραι.

ἀπηνής

    4,4   τίς ἐστιν ὁ δράκων οὗτος ; κ. τίς ὁ περὶ αὐτὸν ἀπηνής ;

ἀπλήστως

    4,16 οὕτως κ. οἱ νῦν ἄνθρωποι τὸν ἐξ αὐτοῦ γεννώμενον οἶνον
          ἀπλήστως δρῶντες

ἁπλοῦς

    10,2 Κ. εἶδον πεδίον ἁπλοῦν, κ. ἐν μέσῳ αὐτοῦ λίμνην

ἁπλόω

    6,7   τὸ ὄρνεον. Κ. ἥπλωσε τ. πτέρυγας αὐτοῦ

ἀπό (cf. Reg.)

ἀποδίδωμι

    1,2   κ. ἵνα τί, Κύριε, οὐκ ἀπέδωκας ἡμᾶς ἐν ἄλλῃ παιδείᾳ
    15,3 ἀπολάβετε τ. μισθὸν... κ. ἀπόδοτε τ. υἱοῖς τ. ἀνθρώπων.

ἀποκαθίστημι

    17,2 κ. λαβών με ὁ ἄγγελος ἀπεκατέστησέν με εἰς τὸ ἀπ' ἀρχῆς.

ἀποκαλύπτω

    4,13 Νῶε... προσηύξατο ὅπως ἀποκαλύψῃ αὐτῷ ὁ θεὸς περὶ
          αὐτοῦ τί ποιήσει.
    4,14 Κύριε, παρακαλῶ ὅπως ἀποκαλύψῃς μοι τί ποιήσω περὶ
          τ. φυτοῦ τούτου.

ἀποκάλυψις

    Tit. 1 Διήγησις κ. ἀποκάλυψις Βαρούχ περὶ ὧν κελεύματι θεοῦ
          ἀρρήτων εἶδεν.
    Tit. 2 Ἀποκάλυψις Βαρούχ, ὃς ἔστιν ἐπὶ ποταμοῦ Γέλ.
    11,7 Χαίροις κ. σύ, ὁ ἡμέτερος ἀδελφὸς κ. ὁ τ. ἀποκαλύψεις
          διερμηνεύων
    17,4 Ὦ κ. ὑμεῖς, ἀδελφοί, οἱ τυχόντες τ. τοιαύτης ἀποκαλύψεως,
          δοξάσατε

ἀπόκενος

    15,3 Κ. λέγει κ. τ. ἀποκένους φέροντας τ. κανίσκους
    15,4 Εἶτα λέγει κ. τοῖς τὰ γέμοντα ἐνεγκοῦσι κ. τοῖς τὰ ἀπόκενα

ἀ π ο κ ο μ ί ζ ω

    11,9   τ. δικαίων... ἀγαθά, ἅτινα δι' αὐτοῦ ἀποκομίζονται
          ἔμπροσθεν τ. ἐπουρανίου θεοῦ.

ἀ π ο κ ρ ύ π τ ω

    9,7   τ. σελήνης... οὐκ ἀπεκρύβη (Α ὑπ.) ἀλλὰ παρηύξησε.

ἀ π ο λ α μ β ά ν ω

    15,3   Δεῦτε κ. ὑμεῖς, ἀπολάβετε τ. μισθὸν καθὼς ἠνέγκατε

ἀ π ό λ λ υ μ ι

    4,10   ὅτε... ὁ θεὸς... κ. ἀπώλεσε πᾶσαν σάρκα κ. τ. χιλιάδας τ.
          γιγάντων
    4,13   τὸ κλῆμα... ῎Αρα φυτεύσω... ἐπεὶ ᾿Αδὰμ δι' αὐτοῦ ἀπώλετο

ἀ π ο λ ύ ω

    3,5   ᾿Εν οἷς μία γυνὴ πλινθεύουσα ἐν τῇ ὥρᾳ τοῦ τεκεῖν
          αὐτὴν οὐ συνεχωρήθη ἀπολυθῆναι

ἀ π ο σ τ έ λ λ ω

    1,4   Κύριος... ἀπέστειλε γάρ με πρὸ προσώπου σου
    4,15   †᾿Απέστειλε δὲ ὁ θεὸς τ. ἄγγελον αὐτοῦ τὸν Σαρασαήλ†

ἀ π ο σ χ ο λ έ ο μ α ι

    7,1   Κ. ποῦ ἀποσχολεῖται ὁ ἥλιος ἀφ' οὗ ὁ ἀλέκτωρ φωνεῖ;

ἀ π ο φ έ ρ ω

    15,2   ᾿Απενέγκατε, δότε ἑκατονταπλασίονα τ. μισθὸν τ. φίλοις
          ἡμῶν

ἅ π τ ω

    4,8   ᾿Εν ᾧ κ. διὰ τοῦτο οὐ συνεχώρησεν τὸν ᾿Αδὰμ ἅψασθαι
          αὐτοῦ.

ἄ ρ α (cf. Reg.)

ἆ ρ α (cf. Reg.)

ἀ ρ ε σ τ ό ς

    8,5   κ. τὰ τούτων ὅμοια, ἅτινα οὔκ εἰσι τῷ θεῷ ἀρεστά

ἀ ρ ε τ ή
11,9   Τοῦτό ἐστιν ἔνθα προσέρχονται αἱ ἀρεταὶ τ. δικαίων
        κ. ὅσα ἐργάζονται ἀγαθά
12,5   Ταῦτα τὰ ἄνωθέν εἰσιν αἱ ἀρεταὶ τ. δικαίων.
14,2   Ἄρτι προσφέρει Μιχαὴλ τὰς τ. ἀνθρώπων ἀρετὰς τῷ
        θεῷ.

ἀ ρ ή ν
2,3   Κ. ἦσαν ἄνθρωποι... ὧν... οἱ δὲ πόδες αἰγῶν, αἱ δὲ ὀσφύες
        ἀρνῶν.

ἄ ρ μ α
6,2   Κ. ἔδειξέ μοι ἅρμα τετραέλαστον ὃ ἦν ὑπόπυρον.
        Κ. ἐπὶ τ. ἅρματος ἄνθρωπος καθήμενος φορῶν στέφανον
        πυρός,
        ἐλαυνόμενον τὸ ἅρμα ὑπ᾽ ἀγγέλων τεσσαράκοντα.
9,3   ὁρῶ κ. ταύτην... κ. καθημένην ἐπὶ ἅρματος τροχοῦ
        κ. ἦσαν... βοὲς κ. ἀμνοὶ ἐν τῷ ἅρματι, κ. πλῆθος ἀγγέλων
        ὁμοίως.

ἁ ρ π α γ ή
8,5   θεωρῶν τ. ἀνομίας... ἤγουν... κλοπάς, ἁρπαγάς, εἰδωλο-
        λατρείας

ἄ ρ ρ η τ ο ς
Tit. 1 Διήγησις κ. ἀποκάλυψις Βαροὺχ περὶ ὧν κελεύματι θεοῦ
        ἀρρήτων εἶδεν.

ἄ ρ τ ι (cf. Reg.)

ἀ ρ χ ά γ γ ε λ ο ς
10,1   Κ. ταῦτα πάντα μαθὼν παρὰ τ. ἀρχαγγέλου, λαβὼν
        ἤγαγέν με
11,8   τί ἐστιν ὃ κρατεῖ Μιχαὴλ ὁ ἀρχάγγελος ;
12,4   Κ. λαβὼν ὁ ἀρχάγγελος τοὺς κανίσκους ἔβαλεν αὐτοὺς
        εἰς τ. φιάλην.

ἀ ρ χ ή
17,2   ὁ ἄγγελος ἀπεκατέστησέν με εἰς τὸ ἀπ᾽ ἀρχῆς.

ἀρχιστράτηγος

11,4   Ἄρτι κατέρχεται ὁ ἀρχιστράτηγος Μιχαὴλ ἵνα δέξηται
τ. δεήσεις τ. ἀνθρώπων.

11,6   Χαίροις, ὁ ἐμὸς ἀρχιστράτηγος κ. παντὸς τ. ἡμετέρου
τάγματος.

11,7   Κ. εἶπεν ὁ ἀρχιστράτηγος Μιχαὴλ · Χαίροις κ. σύ

11,8   Κ. ἴδον τ. ἀρχιστράτηγον Μιχαὴλ κρατοῦντα φιάλην
μεγάλην σφόδρα

13,3   Δεόμεθά σου, Μιχαήλ, ἀρχιστράτηγος ἡμῶν

ἄρχομαι

4,11   Νῶε... ἤρξατο φυτεύειν ἐκ τ. εὑρισκομένων φυτῶν.

ἄρχων

6,12   κινάμωμον, ᾧπερ χρῶνται βασιλεῖς κ. ἄρχοντες.

ἀστήρ

9,1   ἡ νὺξ κατέλαβεν... κ. μετὰ κ. τ. σελήνης μετὰ τ. ἀστέρων.

9,8   οὕτως οὐδὲ ἐνώπιον τ. ἡλίου δύνανται ἡ σελήνη κ. ἀστέρες
αὐγάσαι.
Ἀεὶ γὰρ οἱ ἀστέρες κρέμανται, ἀλλ' ὑπὸ τ. ἡλίου σκεδά-
ζονται.

ἀστραπή

16,3   Ἔτι σὺν τούτοις ἐξαποστείλατε... χάλαζαν μετ' ἀστραπῶν
κ. ὀργῆς.

ἀσύνετος

16,2   κ. παραπικράνατε ἐπ' οὐκ ἔθνει ἐπὶ ἔθνει ἀσυνέτῳ.

αὐγάζω

9,8   οὕτως οὐδὲ ἐνώπιον τ. ἡλίου δύνανται ἡ σελήνη κ. ἀστέρες
αὐγάσαι.

αὐξάνω

7,3   ὁρῶ τὸ ὄρνεον... κ. πρὸς μικρὸν μικρὸν ηὔξανε, κ.
ἀνεπληροῦτο.

10,6   τὰ νέφη... βρέχουσιν ἐπὶ τ. γῆς, κ. αὐξάνουσιν οἱ καρποί.

αὔξω et cf. αὐξάνω

9,5   τ. σελήνης... Κ. τί ἐστιν ὅτι ποτὲ μὲν αὔξει, ποτὲ δὲ λήγει ;

αὐτός (cf. Reg.)

ἀφόδευμα
   6,12 κ. τὸ τ. σκώληκος ἀφόδευμα γίνεται κινάμωμον

ἀφοδεύω
   6,12 Κ. εἶπον · ’Αφοδεύει τὸ ὄρνεον ;
        Κ. εἶπέν μοι · ’Αφοδεύει σκώληκα

ἄφρων
   13,3 ὅτι οὐ δυνάμεθα ἀνθρώποις πονηροῖς κ. ἄφροσι προσμένειν

βάθος
   11,8 φιάλην... τὸ βάθος αὐτῆς ὅσον ἀπὸ οὐρανοῦ ἕως τ. γῆς

βάλλω
   12,4 Κ. λαβὼν ὁ ἀρχάγγελος τ. κανίσκους ἔβαλεν αὐτοὺς εἰς
       τ. φιάλην.

Βαρούχ
   Tit. 1 Διήγησις κ. ἀποκάλυψις Βαρούχ περὶ ὧν κελεύματι θεοῦ
        ἀρρήτων εἶδεν.
   Tit. 2 ’Αποκάλυψις Βαρούχ, ὃς ἔστιν ἐπὶ ποταμοῦ Γέλ.,
        κλαίων
   1,1 Οἳ νῦν ἐγώ, Βαρούχ, κλαίων ἐν τῇ συνέσει μου
   1,7 Κ. εἶπον ἐγὼ (om. Β) Βαρούχ · Ζῇ Κύριος ὁ θεός
   2,4 Κ. ἠρώτησα ἐγὼ Βαρούχ τ. ἄγγελον
   4,1 Κ. εἶπον ἐγὼ Βαρούχ · ’Ιδού, Κύριε,... ἔδειξάς μοι
   4,7 ὁ Βαροὺχ εἶπεν · Κ. πῶς ;
   4,9 Κ. εἶπον ἐγὼ Βαρούχ · ... πῶς ἄρτι εἰς τοσαύτην χρείαν
       ἐστίν ;
   4,16 Γίνωσκε τοιγαροῦν, ὦ Βαρούχ, ὅτι...
   5,1 Κ. εἶπον ἐγὼ Βαροὺχ πρὸς τ. ἄγγελον · ’Επερωτῶ σε
   7,2 Κ. εἶπέν μοι ὁ ἄγγελος · ῎Ακουσον, Βαρούχ
   7,6 Μὴ φοβοῦ, Βαρούχ, ἀλλ’ ἔκδεξαι κ. ὄψει κ. τ. δύσιν
       αὐτῶν.
   8,5 Κ. εἶπον ἐγὼ Βαρούχ · Κύριε, κ. διὰ τί...
   9,2 Κ. εἶπον ἐγὼ Βαρούχ · Κύριε, δεῖξόν μοι
   9,6 ῎Ακουσον, ὦ Βαρούχ
   10,5 Κ. εἶπεν ὁ ἄγγελος · ῎Ακουσον, Βαρούχ
   10,8 Κ. εἶπον ἐγὼ Βαρούχ · Κύριε, κ. πῶς λέγουσιν...

β α σ ι λ ε ί α

    11,2   ἕως ἔλθῃ Μιχαὴλ ὁ κλειδοῦχος τ. βασιλείας τ. οὐρανῶν.

β α σ ι λ ε ύ ς

    1,1   κ. ὅπως συνεχωρήθη Ναβουχοδονόσωρ ὁ βασιλεὺς ὑπὸ
           θεοῦ πορθῆσαι τ. πόλιν αὐτοῦ

    6,12   κινάμωμον, ᾧπερ χρῶνται βασιλεῖς κ. ἄρχοντες.

    9,8   ὥσπερ ἐνώπιον βασιλέως οὐ δύνανται οἰκέται παρρησιασ-
           θῆναι

β α σ τ ά ζ ω

    3,5   γυνὴ... κ. τὸ τέκνον αὐτῆς ἐν τῷ λεντίῳ ἐβάσταζεν, κ.
           ἐπλίνθευεν.

β έ β η λ ο ς

    4,3   Ἅδην, κ. ἦν ἡ εἰδέα αὐτοῦ ζοφώδης κ. βέβηλος.

β ί ο ς

    4,5   Ὁ μὲν δράκων ἐστὶν ὁ τὰ σώματα τῶν κακῶς τ. βίον
           μετερχομένων ἐσθίων

    11,7   ὁ τ. ἀποκαλύψεις διερμηνεύων τοῖς καλῶς τ. βίον διερ-
           χομένοις.

β λ έ π ω

    9,6   τ. σελήνης... ταύτην ἣν βλέπεις ὡραία ἦν γεγραμμένη

β ο ά ω

    12,7   Κ. ἐβόησε Μιχαὴλ λέγων · Δεῦτε κ. ὑμεῖς, ἄγγελοι

β ο ρ ρ ᾶ ς

    11,8   φιάλην... κ. τὸ πλάτος ὅσον ἀπὸ βορρᾶ ἕως νότου.

β ο ῦ ς

    2,3   Κ. ἦσαν ἄνθρωποι... ὧν τὰ πρόσωπα βοῶν, τὰ δὲ κέρατα
           ἐλάφων

    9,3   Κ. ἦσαν... βόες, κ. ἀμνοὶ ἐν τῷ ἅρματι κ. πλῆθος ἀγγέλων
           ὁμοίως.

    9,4   τί εἰσιν οἱ βόες κ. οἱ ἀμνοί;

    10,3   Ἀλλ’ ἴδον τ. γέρανον ὡς βόας μεγάλους.

β ρ α β ε ῖ ο ν
12,6   ἀγγέλους ... διότι οὐκ εἶχον τέλεια τὰ βραβεῖα.

β ρ έ χ ω
10,6   τὸ δὲ ὕδωρ ἐστὶν ὅπερ τὰ νέφη λαμβάνοντα βρέχουσιν ἐπὶ
       τ. γῆς
10,8   ὅτι ἀπὸ τ. θαλάσσης ἐστὶ τὸ ὕδωρ ὅπερ βρέχει ;
10,9   Τὸ μὲν βρέχον ἀπὸ τ. θαλάσσης κ. τῶν ἐπὶ γῆς ὑδάτων
       κ. τοῦτό ἐστιν

β ρ ο ν τ ή
6,13   Κ. ἐν τῷ ὁμιλεῖν αὐτὸν ἐγένετο βροντὴ ὡς ἦχος βροντῆς
11,3   Κ. ἐγένετο φωνὴ μεγάλη ὡς βροντή.
11,5   Κ. ἤνοιξαν · κ. ἐγένετο τρισμὸς ὡς βροντῆς.
14,1   κ. ἐκλείσθησαν αἱ θύραι. Κ. ἐγένετο φωνὴ ὡς βροντή.

β ρ ο ῦ χ ο ς
16,3   Ἔτι σὺν τούτοις ἐξαποστείλατε κάμπην κ. βροῦχον,
       ἐρύσιβην

γ ά ρ   (cf. Reg.)

* Γ έ λ .
       Tit. 2 Βαρούχ, ὃς ἔστιν ἐπὶ ποταμοῦ Γέλ., κλαίων

γ ε μ ί ζ ω
12,8   Μιχαὴλ κ. ... ὁ μετ᾽ἐμοῦ ἄγγελος, διὸ οὐκ ἐγέμισαν τ.
       φιάλην.

γ έ μ ω
12,1   ἰδοὺ ἦλθον ἄγγελοι φέροντες κανίσκια γέμοντα ἀνθῶν
12,6   Κ. εἶδον ἑτέρους ἀγγέλους φέροντας κανίσκια κενὰ οὐ
       γέμοντα.
15,4   εἶτα λέγει κ. τοῖς τὰ γέμοντα ἐνεγκοῦσι κ. τοῖς τὰ ἀπόκενα

γ ε ν ε ά
10,3   Κ. ἦσαν ἐν αὐτῷ πλήθη ὀρνέων ἐκ πασῶν γενεῶν

γ ε ν ν ά ω
4,15   †Κ. τὸ παρ᾽ αὐτοῦ γεννώμενον γενήσεται αἷμα θεοῦ†

4,16 οὕτως κ. οἱ νῦν ἄνθρωποι τὸν ἐξ αὐτοῦ γεννώμενον οἶνον
ἀπλήστως δρῶντες

γ έ ν ο ς

4,15 †κ. ὥσπερ ὑπ' αὐτοῦ τ. καταδίκην ἔλαβεν τὸ γένος τ.
ἀνθρώπων†
6,6 οὐκ ἂν τ. ἀνθρώπων γένος ἐσώζετο

γ έ ρ α ν ο ς

10,3 ’Αλλ’ ἴδον τ. γέρανον ὡς βόας μεγάλους.

γ ῆ

2,5 κ. ὅσον διαφέρει ἀπὸ τ. γῆς ἕως τ. οὐρανοῦ... κ. τὸ πάχος
4,10 ὅτε ἐποίησεν ὁ θεὸς τ. κατακλυσμὸν ἐπὶ τ. γῆς
4,11 Κ. ὅταν ἐφάνη ἡ γῆ ἀπὸ τ. ὕδατος
6,8 τὸ ὄρνεον... Οὔτε γῆ με τίκτει οὔτε οὐρανός
6,11 ἐσθίει... τὸ μάννα τ. οὐρανοῦ κ. τὴν δρόσον τ. γῆς.
6,16 Τοῦτό ἐστι τὸ ἐξυπνίζον τοὺς ἐπὶ γῆς ἀλέκτορας
8,4 ‘Ο στέφανος τ. ἡλίου... διὰ τὸ μεμολύνθαι αὐτὸν κ. τοὺς
ἀκτῖνας αὐτοῦ ἐπὶ τ. γῆς.
8,5 ‘Ο στέφανος τ. ἡλίου... κ. διὰ τί μολύνονται αἱ ἀκτῖνες
αὐτοῦ ἐπὶ τ. γῆς ;
10,6 ὅπερ τὰ νέφη λαμβάνοντα βρέχουσιν ἐπὶ τ. γῆς
10,9 Τὸ μὲν βρέχον ἀπὸ... κ. τῶν ἐπὶ γῆς ὑδάτων καὶ τοῦτό ἐστιν
11,8 φιάλην... τὸ βάθος αὐτῆς ὅσον ἀπὸ οὐρανοῦ ἕως τ. γῆς

Γ η ρ ι κ ό ς

4,7 ποταμούς, ὧν οἱ πρῶτοι πάντων ’Αλφίας κ. ῎Αβυρος κ. ὁ
Γηρικός

γ ί γ α ς

4,10 ὁ θεὸς... κ. ἀπώλεσε πᾶσαν σάρκα κ. τ. τετρακοσίας
ἐννέα χιλιάδας τ. γιγάντων

γ ί γ ν ο μ α ι

4,9 Κ. ἐπεὶ τοσούτου κακοῦ αἰτία γέγονεν ἡ ἄμπελος
4,15 †κ. ἡ κατάρα αὐτοῦ γενήσεται εἰς εὐλογίαν†
†κ. τὸ παρ’ αὐτοῦ γεννώμενον γενήσεται αἷμα θεοῦ†
4,16 οὕτως κ. οἱ νῦν ἄνθρωποι... τῆς τ. θεοῦ δόξης μακρὰν
γίνονται

4,17 Πᾶν γὰρ ἀγαθὸν δι᾽ αὐτοῦ γίνεται.

4,17 πάντα γίνονται οἷον φόνοι, μοιχεῖαι, πορνεῖαι...

6,12 κ. τὸ τ. σκώληκος ἀφόδευμα γίνεται κινάμωμον

6,13 Κ. ἐν τῷ ὁμιλεῖν αὐτὸν ἐγένετο βροντὴ ὡς ἦχος βροντῆς

11,3 Κ. ἐγένετο φωνὴ μεγάλη ὡς βροντή.

11,5 Κ. ἤνοιξαν · κ. ἐγένετο τρισμὸς ὡς βροντῆς.

13,5 Ἐκδέξασθε ἕως οὗ μάθω παρὰ Κυρίου τὸ τί γένηται.

14,1 Κ. ἐγένετο φωνὴ ὡς βροντή.

16,4 ἀλλ᾽ἐγένοντο καταφρονηταὶ τ. ἐντολῶν μου

γ ι ν ώ σ κ ω

4,16 γίνωσκε τοιγαροῦν, ὦ Βαρούχ, ὅτι... οἱ νῦν ἄνθρωποι... τ. παράβασιν ἀπεργάζονται

γ λ υ κ ύ ς

4,15 **+**λέγει Κύριος · Τὸ πικρὸν τούτου μεταβληθήσεται εἰς γλυκύ.**+**

γ λ ῶ σ σ α

3,6 ὁ Κύριος ἐνήλλαξεν αὐτῶν τ. γλώσσας, ἀφ᾽οὗ τ. πύργον ᾠκοδόμησαν

γ λ ω σ σ α λ λ α γ ή

3,8 ὁ θεὸς... ἐπάταξεν αὐτοὺς ἐν ἀορασίᾳ κ. ἐν γλωσσαλλαγῇ

γ ο γ γ υ σ μ ό ς

8,5 θεωρῶν τ. ἀνομίας... ἤγουν... καταλαλίας, γογγυσμούς, ψιθυρισμούς

13,4 ὅπου... ζῆλος, γογγυσμός, ψιθυρισμός, ... ἐκεῖ εἰσιν ἐργάται τ. τοιούτων

γ ο ν ε ύ ς

4,17 οὔτε ἀδελφὸς ἀδελφὸν ἐλεεῖ,... οὔ<τε> τέκνα γονεῖς

γ ρ ά μ μ α

6,7 κ. εἶδον εἰς τὸ δεξιὸν πτερὸν αὐτοῦ γράμματα παμμεγέθη

6,7 κ. ἦσαν γράμματα χρυσᾶ.

γ ρ ά φ ω

9,6 τ. σελήνης... ταύτην ἣν βλέπεις ὡραία ἦν γεγραμμένη ὑπὸ θεοῦ ὡς οὐκ ἄλλη.

γ υ μ ν ό ω

4,16 ὥσπερ ὁ Ἀδὰμ δι᾽ αὐτοῦ τ. ξύλου... κ. τ. δόξης θεοῦ ἐγυμνώθη

γ υ ν ή

3,5 Αὐτοὶ... ἐξέβαλλον πλήθη ἀνδρῶν τε κ. γυναικῶν εἰς τὸ πλινθεύειν.
Ἐν οἷς μία γυνὴ πλινθεύουσα ἐν τῇ ὥρᾳ τοῦ τεκεῖν αὐτὴν οὐ συνεχωρήθη ἀπολυθῆναι

9,3 τ.σελήνης... ὁρῶ κ.ταύτην ἐν σχήματι γυναικὸς κ.καθημένην

δ α ι μ ό ν ι ο ν

16,3 Κ. διχοτομήσατε... κ. τὰ τέκνα αὐτῶν ἐν δαιμονίοις.

δ έ (cf. Reg.)

δ έ η σ ι ς

1,5 ἡ γὰρ δέησίς σου ἠκούσθη ἐνώπιον αὐτοῦ κ. εἰσῆλθεν εἰς τὰ ὦτα Κυρίου

11,4 κατέρχεται... Μιχαὴλ ἵνα δέξηται τ. δεήσεις τ. ἀνθρώπων.

δ ε ί κ ν υ μ ι

2,2 ἐπὶ τ. πρῶτον οὐρανόν, κ. ἔδειξέ μοι θύραν πανμεγέθη.

2,7 Δέομαί σου, δεῖξόν μοι τί εἰσιν οἱ ἄνθρωποι οὗτοι ;

3,3 εἰσήλθομεν... Κ. ἔδειξέν μοι κἀκεῖ πεδίον

4,1 Ἰδού, Κύριε, μεγάλα κ. θαυμαστὰ ἔδειξάς μοι κ. νῦν δεῖξόν μοι πάντα διὰ τ. Κύριον.

4,3 Κ. ἔδειξέν μοι πεδίον, κ. ὄφιν ὡς ὁράσεως πέτρας.
Κ. ἔδειξέν μοι τὸν Ἅδην

4,8 Δέομαί σου, δεῖξόν μοι τί τὸ ξύλον τὸ πλανῆσαν τὸν Ἀδάμ ;

5,3 ἐλθὲ οὖν ὅπως δείξω σοι κ. μείζονα τούτων ἔργα.

6,2 Κ. ἔδειξέ μοι ἅρμα τετραέλαστον

7,2 πάντα ὅσα ἔδειξά σοι ἐν τῷ πρώτῳ κ. δευτέρῳ οὐρανῷ εἰσιν

9,2 τ. σελήνης... Κύριε, δεῖξόν μοι κ. ταύτην

δ ε κ ά π ε ν τ ε
 4,10 κ. ἀνῆλθεν τὸ ὕδωρ ἐπάνω τ. ὑψηλῶν ἐπὶ πήχεις δεκάπεντε

δ ε ξ ι ό ς
 6,7 κ. εἶδον εἰς τὸ δεξιὸν πτερὸν αὐτοῦ γράμματα παμμεγέθη

δ έ ο μ α ι
 2,4 ᾿Ανάγγειλόν μοι, δέομαί σου, τί ἐστιν τὸ πάχος
 2,7 Δέομαί σου, δεῖξόν μοι τί εἰσιν οἱ ἄνθρωποι οὗτοι ;
 3,4 Δέομαί σου, Κύριε, εἰπέ μοι τίνες εἰσὶν οὗτοι ;
 4,8 Δέομαί σου, δεῖξόν μοι τί τὸ ξύλον τὸ πλανῆσαν τὸν ᾿Αδάμ ;
 4,14 Νῶε... κ. πολλὰ δεηθεὶς κ. κλαύσας εἶπεν · Κύριε,
   παρακαλῶ
 13,3 Δεόμεθά σου, Μιχαήλ, ὁ ἀρχιστράτηγος ἡμῶν, μεταθὲς
   ἡμᾶς
 13,4 διὸ δεόμεθα ἐξελθεῖν ἡμᾶς ἀπ' αὐτῶν.

δ ε σ π ό τ η ς
 Tit. 1 Εὐλόγησον δέσποτα.

δ ε ῦ ρ ο
 1,8 εἶπέν μοι ὁ ἄγγελος... Δεῦρο κ. ὑποδείξω σοι τὰ μυστήρια
   τ. θεοῦ.
 2,6 Κ. πάλιν λέγει μοι ὁ ἄγγελος... · Δεῦρο κ. ὑποδείξω σοι
   μείζονα μυστήρια.
 4,2 Κ. εἶπέν μοι ἄγγελος · Δεῦρο διέλθωμεν. [...]

δ ε ῦ τ ε
 12,7 λέγων · Δεῦτε κ. ὑμεῖς, ἄγγελοι, φέρετε ὃ ἠνέγκατε.
 15,3 Κ. λέγει... Δεῦτε κ. ὑμεῖς, ἀπολάβετε τ. μισθόν

δ ε ύ τ ε ρ ο ς
 3,1 Κ. λαβών με ὁ ἄγγελος Κυρίου ἤγαγέν με εἰς δεύτερον
   οὐρανόν.
 7,2 πάντα ὅσα ἔδειξά σοι ἐν τῷ πρώτῳ κ. δευτέρῳ οὐρανῷ
   εἰσιν

δ έ χ ο μ α ι
 6,5 παρατρέχει τῷ ἡλίῳ κ. τ. πτέρυγας ἐφαπλῶν δέχεται τὰς
   πυριμόρφους ἀκτῖνας αὐτοῦ.

6,6   εἰ μὴ γὰρ ταύτας ἐδέχετο, οὐκ ἂν τῶν ἀνθρώπων γένος
      ἐσώζετο

11,4 "Αρτι κατέρχεται... Μιχαὴλ ἵνα δέξηται τ. δεήσεις τ.
      ἀνθρώπων

δ ι ά   (cf. Reg.)

δ ι ά β ο λ ο ς
      4,8   φθονήσας ὁ διάβολος ἠπάτησεν αὐτὸν διὰ τῆς ἀμπέλου
            αὐτοῦ.

δ ι α π α ν τ ό ς
      10,7 Αὐτά εἰσιν ἃ διαπαντὸς ἀνυμνοῦσι τ. Κύριον.

δ ι ά σ τ η μ α
      2,4   τί ἐστιν τὸ πάχος τ. οὐρανοῦ..., ἢ τί τὸ διάστημα αὐτοῦ...

δ ι α τ ρ έ χ ω
      8,4   Ὁ στέφανος τ. ἡλίου, ὅταν τ. ἡμέραν διαδράμῃ, λαμβάνουσι
            τέσσαρες ἄγγελοι τοῦτον

δ ι α φ έ ρ ω
      2,5   κ. ὅσον διαφέρει ἀπὸ τ. γῆς ἕως τ. οὐρανοῦ, τοσοῦτόν
            ἐστιν κ. τὸ πάχος αὐτοῦ

δ ι α φ υ λ ά τ τ ω
      Tit. 2 ὅτε κ. Ἀβιμελὲχ ἐπὶ Ἀγροίππα τὸ χωρίον τῇ χειρὶ θεοῦ
              διεφυλάχθη

δ ι α χ ω ρ ί ζ ω
      6,13 κ. διαχωρίζεται τὸ φῶς ἀπὸ τ. σκότους.

δ ι δ ά σ κ ω
      6,4   Κύριε, πῶς ἐστιν φύλαξ τῆς οἰκουμένης ; δίδαξόν με.

δ ί δ ω μ ι
      3,5   Οὗτοί εἰσιν οἱ τ. συμβούλην δόντες τοῦ ποιῆσαι τ. πύργον.
      6,14 φωνὴ λέγουσα · Φωτόδοτα, δὸς τῷ κόσμῳ τὸ φέγγος.
      7,2   διέρχεται ὁ ἥλιος κ. διδοῖ τῷ κόσμῳ τὸ φέγγος.

12,1 ἄγγελοι... κανίσκια... κ. ἔδωκαν αὐτὰ πρὸς τὸν Μιχαήλ.

15,2 Ἀπενέγκατε, δότε ἑκατονταπλασίονα τ. μισθὸν τ. φίλοις ἡμῶν

δ ι ε ρ μ η ν ε ύ ω

11,7 Χαίροις κ. σύ, ὁ ἡμέτερος ἀδελφὸς κ. ὁ τὰς ἀποκαλύψεις διερμηνεύων

δ ι έ ρ χ ο μ α ι

4,2 Κ. εἶπέν μοι ἄγγελος · Δεῦρο διέλθωμεν. [...]

7,2 κ. ἐν τῷ τρίτῳ οὐρανῷ διέρχεται ὁ ἥλιος κ. διδοῖ τῷ κόσμῳ τὸ φέγγος.

11,7 ὁ τὰς ἀποκαλύψεις διερημνεύων τοῖς καλῶς τ. βίον διερχομένοις.

δ ι ή γ η σ ι ς

Tit. 1 Διήγησις κ. ἀποκάλυψις Βαροὺχ περὶ ὧν κελεύματι θεοῦ ἀρρήτων εἶδεν.

δ ί κ α ι ο ς

10,5 τὸ μὲν πεδίον ... οὗπερ ἔρχονται αἱ ψυχαὶ τ. δικαίων

11,9 Τοῦτό ἐστιν ἔνθα προσέρχονται αἱ ἀρεταὶ τ. δικαίων κ. ὅσα ἐργάζονται ἀγαθά

12,5 Ταῦτα τὰ ἄνωθέν εἰσιν αἱ ἀρεταὶ τ. δικαίων.

δ ι ό (cf. Reg.)

δ ι ό τ ι (cf. Reg.)

δ ί σ τ ο μ ο ς

6,16 ὡς γὰρ τὰ δίστομα, οὕτως κ. ὁ ἀλέκτωρ (ὡς... om. B) μηνύει

δ ι χ ο τ ο μ έ ω

16,3 Κ. διχοτομήσατε αὐτοὺς ἐν μαχαίρᾳ κ. ἐν θανάτῳ, κ. τὰ τέκνα αὐτῶν

δ ό ξ α

4,16 ὥσπερ ὁ Ἀδὰμ δι' αὐτοῦ τ. ξύλου... κ. τ. δόξης θεοῦ ἐγυμνώθη

οὕτως κ. οἱ νῦν ἄνθρωποι... κ. τῆς τ. θεοῦ δόξης μακρὰν
γίνονται
6,12 μεῖνον δέ, κ. ὄψει δόξαν θεοῦ.
7,2 Ἀλλ᾽ ἔκδεξαι κ. ὄψει δόξαν θεοῦ.
7,5 ἰδὼν τ. τοιαύτην δόξαν ἐταπεινώθην φόβῳ
11,2 Ἀλλ᾽ ἀνάμεινον κ. ὄψει τ. δόξαν τ. θεοῦ.
17,3 δόξαν ἔφερον τῷ θεῷ τῷ ἀξιώσαντί με τοιούτου ἀξιώματος.

δ ο ξ ά ζ ω
17,4 Ὦ κ. ὑμεῖς, ἀδελφοί... δοξάσατε κ. αὐτοὶ τ. θεόν,
ὅπως κ. αὐτὸς δοξάσῃ ἡμᾶς νῦν, κ. ἀεί

δ ρ ά κ ω ν
4,4 κ. εἶπον · Τίς ἐστιν ὁ δράκων οὗτος ;
4,5 Ὁ μὲν δράκων ἐστὶν ὁ τὰ σώματα τῶν κακῶς τ. βίον
μετερχομένων ἐσθίων
5,2 ὅτι πίνει ὁ δράκων ἐκ τ. θαλάσσης πῆχυν μίαν

δ ρ ά ω
4,16 οὕτως κ. οἱ νῦν ἄνθρωποι τ. ... οἶνον ἀπλήστως δρῶντες
χεῖρον τοῦ Ἀδὰμ τ. παράβασιν ἀπεργάζονται

δ ρ ό σ ο ς
6,11 ἐσθίει... Τὸ μάννα τ. οὐρανοῦ κ. τὴν δρόσον τ. γῆς.
10,10 ὅτι ἐκ τούτου ἐστὶν ὃ λέγεται δρόσος τ. οὐρανοῦ.

δ ύ ν α μ α ι
2,1 κ. ὅπου ἦν ποταμὸς ὃν οὐδεὶς δύναται περᾶσαι αὐτόν
7,4 κ. στέφανον... οὗ τ. θέαν οὐκ ἠδυνήθημεν ἀντοφθαλμῆσαι
κ. ἰδεῖν.
9,8 ὥσπερ ἐνώπιον βασιλέως οὐ δύνανται οἰκέται παρρησιασθῆ-
ναι
οὕτως οὐδὲ ἐνώπιον τ. ἡλίου δύνανται ἡ σελήνη κ. ἀστέρες
αὐγάσαι.
11,2 Οὐ δυνάμεθα εἰσελθεῖν ἕως ἔλθῃ Μιχαήλ
13,2 Οὐ δύνασθε ὑποχωρεῖν ὑπ᾽ αὐτῶν, ἵνα μὴ εἰς τέλος κυριεύσῃ
ὁ Ἐχθρός
13,3 ὅτι οὐ δυνάμεθα ἀνθρώποις πονηροῖς κ. ἄφροσι προσμένειν

δ ύ ν α μ ι ς
   1,8   Κ. εἶπέν μοι ὁ ἄγγελος τ. δυνάμεων
   2,6   Κ. πάλιν λέγει μοι ὁ ἄγγελος τ. δυνάμεων

δ ύ ν ω
   8,1   Κ. ὅταν ἦλθεν ὁ καιρὸς τοῦ δῦσαι, ὁρῶ πάλιν

δ ύ σ ι ς
   7,6   ἀλλ' ἔκδεξαι κ. ὄψει κ. τ. δύσιν αὐτῶν.

δ υ σ μ ή
   8,1   ὁ ἄγγελος... Κ. λαβών με ἤγαγέν με ἐπὶ δυσμάς.

ἐ ά ν (cf. Reg.)

ἑ α υ τ ο ῦ (cf. Reg.)

ἐ ά ω
   16,1   κ. μὴ κλαίετε, μηδὲ ἐάσατε τ. υἱοὺς τ. ἀνθρώπων.

ἐ γ γ ί ζ ω
   12,6   ἀγγέλους... κ. οὐκ ἐτόλμησαν ἐγγίσαι, διότι οὐκ εἶχον
           τέλεια τὰ βραβεῖα.

ἐ γ ώ (cas obliques, cf. Reg.)
   1,1   Οἲ νῦν ἐγώ, Βαρούχ, κλαίων ἐν τῇ συνέσει μου
   1,7   Κ. εἶπον ἐγὼ (om. Β) Βαρούχ · Ζῆ Κύριος ὁ θεός
   2,4   Κ. ἠρώτησα ἐγὼ Βαρούχ τ. ἄγγελον
   2,7   Εἶπον δὲ ἐγώ · Δέομαί σου, δεῖξόν μοι
   4,1   Κ. εἶπον ἐγὼ Βαρούχ · Ἰδού, Κύριε, μεγάλα
   4,8   Κ. εἶπον ἐγώ · Δέομαί σου δεῖξόν μοι
   4,9   Κ. εἶπον ἐγὼ Βαρούχ · ... πῶς ἄρτι
  4,12 Κ. ἐλθὼν ἐγὼ εἶπον αὐτῷ τὰ περὶ ἐκείνου.
   5,1   Κ. εἶπον ἐγὼ Βαρούχ πρὸς τ. ἄγγελον · Ἐπερωτῶ σε
   7,1   Κ. εἶπον ἐγώ · Κ. ποῦ ἀποσχολεῖται ὁ ἥλιος
   7,5   Ἐγὼ δὲ ἰδὼν τ. τοιαύτην δόξαν ἐταπεινώθην
   8,3   Κ. ταῦτα ἰδὼν ἐγὼ εἶπον · Κύριε, διὰ τί
   8,5   Κ. εἶπον ἐγὼ Βαρούχ · Κύριε, κ. διὰ τί
   9,2   Κ. εἶπον ἐγὼ Βαρούχ · Κύριε, δεῖξόν μοι

10,8   Κ. εἶπον ἐγὼ Βαρούχ · Κύριε, πῶς λέγουσιν
17,1   ἐκλείσθη ἡ θύρα, κ. ἡμεῖς ἀνεχωρήσαμεν.

ἔθνος

1,2   κ. ἵνα τί, Κύριε, ... ἀλλὰ παρέδωκας ἡμᾶς εἰς ἔθνη τοιαῦτα.
16,2   κ. παραπικράνατε ἐπ' οὐκ ἔθνει, ἐπὶ ἔθνει ἀσυνέτῳ.

εἰ (cf. Reg.)

εἰδέα

4,3   κ. ἦν ἡ εἰδέα αὐτοῦ ζοφώδης κ. βέβηλος.

εἰδέναι, cf. οἶδα

εἶδον, cf. ὁράω

εἰδωλολατρεία

8,5   θεωρῶν τ. ἀνομίας... ἤγουν... ἁρπαγάς, εἰδωλολατρείας,
       μέθας

* εἰδωλολατρισμός

13,4   Κ. ὅπου... ψιθυρισμός, εἰδωλολατρισμός, μαντεία, ... ἐκεῖ
       εἰσιν ἐργάται τ. τοιούτων

εἶναι (cf. Reg.)

εἶπον, cf. λέγω

εἷς

3,5   Ἐν οἷς μία γυνὴ πλινθεύουσα... οὐ συνεχωρήθη ἀπολυθῆναι
4,6   ὁ Ἅδης... ἐν ᾧ κ. πίνει ἀπὸ τ. θαλάσσης ὡσεὶ πῆχυν μίαν
5,1   Κ. εἶπον... · Ἐπερωτῶ σε ἕνα λόγον, Κύριε
5,2   ὅτι πίνει ὁ δράκων ἐκ τ. θαλάσσης πῆχυν μίαν
13,4   οὐ γὰρ εἴδομεν αὐτοὺς εἰσελθεῖν... οὐδὲ εἰς... πατέρας,
       οὐδὲ εἰς ἀγαθὸν ἕν.

εἰς (cf. Reg.)

εἰσακούω

16,4 Ὅτι οὐκ εἰσήκουσαν τ. φωνῆς μου, οὐδὲ συνετήρησαν τ. ἐντολῶν μου

εἰσέρχομαι

1,5 ἡ γὰρ δέησίς σου... κ. εἰσῆλθεν εἰς τὰ ὦτα Κυρίου τ. θεοῦ.

2,2 θύραν πανμεγέθη. Κ. εἶπέν μοι · Εἰσέλθωμεν δι᾽ αὐτῆς.
Κ. εἰσήλθομεν ὡς ἐν πτέρυξιν ὡσεὶ πορείας ὁδοῦ ἡμερῶν τριάκοντα.

3,1 θύραν ὁμοίαν... Κ. εἶπεν · Εἰσέλθωμεν δι᾽ αὐτῆς.

3,2 Κ. εἰσήλθομεν ἀναπτερωμένοι ὡσεὶ πορείας ὁδοῦ ἡμερῶν ἑξήκοντα.

4,10 ὅτε... τ. κατακλυσμὸν... εἰσῆλθε τὸ ὕδωρ εἰς τ. παράδεισον

11,2 οὐκ ἀνοίγεται ὁ πυλὼν οὗτος ὅπως (Β πύλος οὕτως ἕως) εἰσέλθωμεν ;

11,2 Οὐ δυνάμεθα εἰσελθεῖν ἕως ἔλθῃ Μιχαήλ

13,4 οὐ γὰρ εἴδομεν αὐτοὺς εἰσελθεῖν ἐν ἐκκλησίᾳ ποτέ, οὐδὲ εἰς... πατέρας

15,4 εἰσέλθατε εἰς τ. χαρὰν τ. Κυρίου ὑμῶν.

εἴσοδος

4,15 †τὸ γένος τ. ἀνθρώπων... μέλλουσιν τ. ἀνάκλησιν προσλαβεῖν, κ. τὴν εἰς παράδεισον εἴσοδον.†

εἶτα (cf. Reg.)

ἐκ (cf. Reg.)

ἕκαστός (cf. Reg.)

ἑκατόν

4,2 [...] ...ὡσεὶ πορείας ἡμερῶν ἑκατὸν ὀγδοήκοντα πέντε.

ἑκατονταπλασίων

15,2 δότε ἑκατονταπλασίονα τ. μισθὸν τ. φίλοις ἡμῶν

ἐκβάλλω

3,5 Αὐτοὶ γὰρ οὓς ὁρᾷς ἐξέβαλλον πλήθη ἀνδρῶν τε κ. γυναικῶν εἰς τὸ πλινθεύειν.

4,10 τὸ δὲ κλῆμα τῆς ἀμπέλου ἐξώρισεν εἰς τὸ παντελὲς κ.
      ἐξέβαλεν ἔξω.

ἐ κ δ α π α ν ά ω
    9,8   Κ. ἡ σελήνη σῴα οὖσα ὑπὸ τῆς τ. ἡλίου θέρμης ἐκδαπανᾶται.

ἐ κ δ έ χ ο μ α ι
    7,2   ’Αλλ’ ἔκδεξαι κ. ὄψει δόξαν θεοῦ.
    7,6   Μὴ φοβοῦ, Βαρούχ, ἀλλ’ ἔκδεξαι, κ. ὄψει κ. τ. δύσιν
          αὐτῶν.
   13,5   ’Εκδέξασθε ἕως οὗ μάθω παρὰ Κυρίου τὸ τί γένηται.

ἐ κ ε ῖ (cf. Reg.)

ἐ κ ε ῖ ν ο ς (cf. Reg.)

ἐ κ κ α ί ω
    1,2   Κύριε, ἵνα τί ἐξέκαυσας τ. ἀμπελῶνά σου κ. ἠρήμωσας
          αὐτόν ;

ἐ κ κ λ η σ ί α
   13,4   οὐ γὰρ εἴδομεν αὐτοὺς εἰσελθεῖν ἐν ἐκκλησίᾳ ποτέ, οὐδὲ
          εἰς... πατέρας
   16,4   ἀλλ’ ἐγένοντο καταφρονηταὶ τ. ἐντολῶν μου κ. τ. ἐκκλησιῶν
          μου

ἐ κ λ ε ί π ω
    4,6   ἀπὸ τ. θαλάσσης... κ. οὐκ ἐκλείπει ἀπ’αὐτῆς τι.
    4,7   ποταμοὺς... κ. ἀπὸ τούτων οὐκ ἐκλείπει ἡ θάλασσα.

ἐ κ π ο ρ ε ύ ο μ α ι
    6,1   ἤγαγέν με ὅπου ὁ ἥλιος ἐκπορεύεται.

ἐ κ τ ε ί ν ω
    7,5   Κ. ἅμα τῷ λάμψαι τ. ἥλιον ἐξέτεινε κ. ὁ φοῖνιξ τ. αὐτοῦ
          πτέρυγας.

ἐ κ τ ε λ έ ω
    4,14 Νῶε... Κ. τεσσαράκοντα ἡμέρας τ. εὐχὴν ἐκτελέσαντος...
          εἶπεν · Κύριε, παρακαλῶ

ἐκτοπίζω

    2,7 οἱ τ. πύργον... οἰκοδομήσαντες · κ. ἐξετόπησεν (sic) αὐτοὺς
          ὁ Κύριος.

ἐκφεύγω

    7,5 ἐταπεινώθην φόβῳ μεγάλῳ, κ. ἐξέφυγον κ. ὑπεκρύβην

ἔλαιον

    15,1 Κ. αὐτῇ τῇ ὥρᾳ κατῆλθεν ὁ Μιχαήλ, ... κ. ἤνεγκεν ἔλαιον.
    15,2 Κ. τ. ἀγγέλους τ. ἐνεγκόντας τὰ κανίσκια πλήρη ἐπλή-
           ρωσεν αὐτὰ ἐλαίῳ λέγων

ἐλαύνω

    6,2 ἐλαυνόμενον τὸ ἅρμα ὑπ' ἀγγέλων τεσσαράκοντα.

ἔλαφος

    2,3 Κ. ἦσαν ἄνθρωποι... ὧν τὰ πρόσωπα βοῶν, τὰ δὲ κέρατα
           ἐλάφων
    3,3 κ. ἦν πλῆρες ἀνθρώπων · ἡ δὲ θεωρία αὐτῶν ὁμοία
           κυνῶν, οἱ δὲ πόδες ἐλάφων.

ἐλεέω

    4,17 οὔτε ἀδελφὸς ἀδελφὸν ἐλεεῖ, οὔτε πατὴρ υἱόν

Ἐμμανουήλ

    4,15 ✝διὰ Ἰησοῦ Χριστοῦ τοῦ Ἐμμανουήλ... μέλλουσιν τ.
           ἀνάκλησιν προσλαβεῖν✝

ἐμός (cf. Reg.)

ἐμπόνως

    15,2 δότε... τ. μισθὸν... κ. τοῖς ἐμπόνως ἐργασαμένοις τὰ
           καλὰ ἔργα.

ἔμπροσθεν (cf. Reg.)

ἐν (cf. Reg.)

ἐναλλάττω

    3,6 κ. ὀφθεὶς αὐτοῖς ὁ Κύριος ἐνήλλαξεν αὐτῶν τ. γλώσσας

ἔ ν δ ο ν (cf. Reg.)

ἔ ν δ υ μ α
 9,7 τῷ Σαμαὴλ ὅτε τὸν ὄφιν ἔλαβεν ἔνδυμα

ἐ ν ε ρ γ έ ω
 10,9 τὸ δὲ τὸ τ. καρποὺς ἐνεργοῦν ἐκ τούτου ἐστίν

ἔ ν θ α (cf. Reg.)

ἐ ν ν έ α
 4,10 ὁ θεὸς... κ. ἀπώλεσε... κ. τ. τετρακοσίας ἐννέα χιλιάδας
   τ. γιγάντων
 6,2 Κ. ἰδοὺ ὄρνεον περιτρέχον ἔμπροσθεν τ. ἡλίου, ὡς ὄρη
   ἐννέα.

ἐ ν τ α ῦ θ α (cf. Reg.)

ἐ ν τ ο λ ή
 16,4 οὐδὲ ἐσυνετήρησαν τ. ἐντολῶν μου, οὐδὲ ἐποίησαν,
   ἀλλ'ἐγένοντο καταφρονηταὶ τ. ἐντολῶν μου κ. τ. ἐκκλησιῶν
   μου

ἐ ν ώ π ι ο ν (cf. Reg.)

ἐ ξ α π ο σ τ έ λ λ ω
 16,3 Ἔτι σὺν τούτοις ἐξαποστείλατε κάμπην κ. βροῦχον,
   ἐρυσίβην

ἐ ξ α σ τ ρ ά π τ ω
 7,4 ὁρῶ τὸ ὄρνεον... Κ. ὄπισθεν τούτου τ. ἥλιον ἐξαστράπτοντα

ἐ ξ έ ρ χ ο μ α ι
 4,11 Κ. ὅταν ἐφάνη ἡ γῆ... κ. ἐξῆλθε Νῶε τῆς κιβωτοῦ
 9,2 τ. σελήνης... δεῖξόν μοι... πῶς ἐξέρχεται ; κ. ποῦ ἀπέρ-
   χεται ;
 13,4 Διὸ δεόμεθα ἐξελθεῖν ἡμᾶς ἀπ' αὐτῶν.

ἐ ξ ή κ ο ν τ α
  3,2 Κ. εἰσήλθομεν ἀναπτερωμένοι ὡσεὶ πορείας ὁδοῦ ἡμερῶν
       ἑξήκοντα.
  3,6 ἀφ'οὗ τ. πύργον ᾠκοδόμησαν ἐπὶ πήχεις τετρακοσίας
       ἑξήκοντα τρεῖς.
  4,7 Κύριος ὁ θεὸς ἐποίησεν τριακοσίους ἑξήκοντα ποταμούς
  6,13 Ἄρτι ἀνοίγουσιν οἱ ἄγγελοι τ. τριακοσίας ἑξήκοντα πέντε
       πύλας τ. οὐρανοῦ

ἐ ξ ο ρ ί ζ ω
  4,10 τὸ δὲ κλῆμα τῆς ἀμπέλου ἐξώρισεν εἰς τὸ παντελὲς κ.
       ἐξέβαλεν ἔξω.

ἐ ξ ο υ σ ί α
  12,3 Οὗτοί εἰσιν ἄγγελοι ἐπὶ τ. ἐξουσιῶν.

ἐ ξ υ π ν ί ζ ω
  6,16 Τοῦτό ἐστι τὸ ἐξυπνίζον τ. ἐπὶ γῆς ἀλέκτορας

ἔ ξ ω (cf. Reg.)

ἐ π ά ν ω (cf. Reg.)

ἐ π α ύ ρ ι ο ν
  9,3 κ. τῇ ἐπαύριον ὁρῶ κ. ταύτην ἐν σχήματι γυναικός

ἐ π ε ί (cf. Reg.)

ἐ π ε ι δ ή (cf. Reg.)

ἐ π ε ρ ω τ ά ω
  5,1 Ἐπερωτῶ σε ἕνα λόγον, Κύριε

ἐ π ί (cf. Reg.)

ἐ π ι θ υ μ ί α
  1,3 Σύνες, ὦ ἄνθρωπε, ἄνερ ἐπιθυμιῶν

ἐ π ι ο ρ κ ε ί α
    4,17 πάντα γίνονται οἷον... πορνεῖαι, ἐπιορκεῖαι, κλοπαί
    13,4 κ. ὅπου... καταλαλίαι, ἐπιορκεῖαι (Α ἐπιορκίαι), φθόνοι,
        ... ἐκεῖ εἰσιν ἐργάται τ. τοιούτων

ἐ π ι σ υ ν ά γ ω
    15,2 Οἱ γὰρ καλῶς σπείραντες κ. καλῶς ἐπισυνάγουσιν.

ἐ π ι τ υ γ χ ά ν ω
    4,13 τὸ κλῆμα... φυτεύσω... μὴ κ. αὐτὸς ὀργῆς θεοῦ ἐπιτύχω
        δι' αὐτοῦ.

ἐ π ο υ ρ ά ν ι ο ς
    11,9 ἀγαθά, ἅτινα... ἀποκομίζονται ἔμπροσθεν τ. ἐπουρανίου
        θεοῦ.

ἐ ρ γ ά ζ ο μ α ι
    11,9 ἔνθα προσέρχονται αἱ ἀρεταὶ τ. δικαίων κ. ὅσα ἐργάζονται
        ἀγαθά
    15,2 δότε... τ. μισθὸν τ. φίλοις ἡμῶν κ. τοῖς ἐμπόνως ἐργασα-
        μένοις τὰ καλὰ ἔργα.

ἐ ρ γ ά τ η ς
    13,4 ἐκεῖ εἰσιν ἐργάται τ. τοιούτων κ. ἑτέρων χειρόνων.

ἔ ρ γ ο ν
    5,3 Ἐλθὲ οὖν ὅπως δείξω σοι κ. μείζονα τούτων ἔργα.
    15,2 δότε... τ. μισθὸν... κ. τοῖς ἐμπόνως ἐργασαμένοις τὰ καλὰ
        ἔργα.
    16,2 Ἀλλ'ἐπειδὴ παρώργισάν με ἐν τ. ἔργοις αὐτῶν... παρα-
        ζηλώσατε αὐτούς

ἐ ρ η μ ό ω
    1,2 Κύριε, ἵνα τί ἐξέκαυσας τ. ἀμπελῶνά σου κ. ἠρήμωσας
        αὐτόν ;

ἔ ρ ι ς
    8,5 θεωρῶν τ. ἀνομίας... ἤγουν... φόνους, ἔρεις, ζήλη
    13,4 κ. ὅπου... μέθαι, ἔρεις (om. Β), ζῆλος... ἐκεῖ εἰσιν
        ἐργάται τ. τοιούτων

ἐ ρ υ σ ί β η

16,3   ῎Ετι σὺν τούτοις ἐξαποστείλατε... κ. βροῦχον, ἐρυσίβην
κ. ἀκρίδα

ἔ ρ χ ο μ α ι

1,3   Κ. ἰδοὺ... ὁρῶ ἄγγελον Κυρίου ἐλθόντα κ. λέγοντά μοι

4,12   Κ. ἐλθὼν ἐγὼ εἶπον αὐτῷ τὰ περὶ ἐκείνου.

5,3   ᾿Ελθὲ οὖν ὅπως δείξω σοι κ. μείζονα τούτων ἔργα.

6,14   Κ. ἦλθεν φωνὴ λέγουσα · Φωτόδοτα, δὸς τῷ κόσμῳ τὸ
φέγγος.

8,1   Κ. ὅταν ἦλθεν ὁ καιρὸς τοῦ δῦσαι,
ὁρῶ πάλιν ἔμπροσθεν τὸ ὄρνεον ἐρχόμενον
κ. τ. ἥλιον μετὰ τ. ἀγγέλων ἐρχόμενον.
Κ. ἅμα τῷ ἐλθεῖν αὐτόν, ὁρῶ τ. ἀγγέλους

10,5   τὸ μὲν πεδίον ἐστὶ... οὗπερ ἔρχονται αἱ ψυχαὶ τ. δικαίων

11,2   Οὐ δυνάμεθα εἰσελθεῖν ἕως ἔλθῃ Μιχαὴλ ὁ κλειδοῦχος
τ. βασιλείας τ. οὐρανῶν.

11,5   Κ. ἰδοὺ ἦλθεν φωνή · ᾿Ανοιγήτωσαν αἱ πύλαι.

11,6   Κ. ἦλθεν Μιχαήλ, κ. συνήντησεν αὐτῷ ὁ ἄγγελος

12,1   ἰδοὺ ἦλθον ἄγγελοι φέροντες κανίσκια γέμοντα ἀνθῶν

12,6   ἀγγέλους... Κ. ἤρχοντο λυπούμενοι, κ. οὐκ ἐτόλμησαν
ἐγγίσαι

13,1   Κ. εἶθ᾿ οὕτως ἦλθον ἕτεροι ἄγγελοι κλαίοντες κ. ὀδυρό-
μενοι

17,3   Κ. εἰς ἑαυτὸν ἐλθὼν δόξαν ἔφερον τῷ θεῷ

ἐ ρ ω τ ά ω

2,4   Κ. ἠρώτησα ἐγὼ Βαροὺχ τ. ἄγγελον · ᾿Ανάγγειλόν μοι

3,4   Κ. ἠρώτησα τ. ἄγγελον · Δέομαί σου, Κύριε, εἰπέ μοι

4,10   Κ. εἶπεν ὁ ἄγγελος · ᾿Ορθῶς ἐρωτᾷς

6,13   Κ. ἠρώτησα τ. ἄγγελον · Κύριέ μου, τί ἐστιν ἡ φωνὴ
αὕτη ;

9,5   Κ. πάλιν ἠρώτησα · Κ. τί ἐστιν ὅτι...

10,4   Κ. ἠρώτησα τ. ἄγγελον · Τί ἐστι τὸ πεδίον...

12,2   Κ. ἠρώτησα τ. ἄγγελον · Κύριε, τίνες εἰσὶν οὗτοι

14,2   Κ. ἠρώτησα τ. ἄγγελον · Τί ἐστιν ἡ φωνή ;

ἐ σ θ ί ω

4,5   ῾Ο μὲν δράκων ἐστὶν ὁ τὰ σώματα τῶν κακῶς τ. βίον
μετερχομένων ἐσθίων

6,11   τὸ ὄρνεον... Κ. τί ἐσθίει ;

ἔ τ ε ρ ο ς (cf. Reg.)

ἔ τ ι   (cf. Reg.)

ἑ τ ο ι μ ά ζ ω
>   6,16 Ὁ ἥλιος γὰρ ἑτοιμάζεται ὑπὸ τ. ἀγγέλων

ε ὐ λ ο γ έ ω
>   Tit. 1 Εὐλόγησον δέσποτα.
>   15,4 Πορευθέντες εὐλογήσατε τ. φίλους ἡμῶν, κ. εἴπατε αὐτοῖς

ε ὐ λ ο γ ί α
>   4,15 †κλῆμα τῆς ἀμπέλου... κ. ἡ κατάρα αὐτοῦ γενήσεται εἰς
>   εὐλογίαν†

ε ὑ ρ ί σ κ ω
>   4,11 Νῶε... ἤρξατο φυτεύειν ἐκ τ. εὑρισκομένων φυτῶν.
>   4,12 Εὗρε δὲ κ. τὸ κλῆμα

ε ὐ χ ή
>   4,14 Νῶε... Κ. τεσσαράκοντα ἡμέρας τ. εὐχὴν ἐκτελέσαντος
>   ... εἶπεν · Κύριε, παρακαλῶ...

ἐ φ α π λ ό ω
>   6,5 κ. τ. πτέρυγας ἐφαπλῶν δέχεται τὰς πυριμόφους ἀκτῖνας
>   αὐτοῦ

ἐ χ θ ρ ό ς
>   13,2 Οὐ δύνασθε ὑποχωρεῖν... ἵνα μὴ εἰς τέλος κυριεύσῃ ὁ
>   Ἐχθρός

ἔ χ ω
>   1,1 Οἲ νῦν ἐγώ, Βαρούχ, κλαίων ἐν τῇ συνέσει μου κ. ἔχων
>   (sic,?) περὶ τ. λαοῦ
>   6,7 γράμματα παμμεγέθη ὡς ἅλωνος τόπον ἔχων μέτρον
>   ὡσεὶ μοδίων τετρακισχιλίων
>   12,6 ἀγγέλους... κ. οὐκ ἐτόλμησαν ἐγγίσαι, διότι οὐκ εἶχον
>   τέλεια τὰ βραβεῖα

ἕ ω ς (conj. et praep., cf. Reg.)

ζ ά ω

    1,7   Κ. εἶπον ἐγὼ Βαρούχ · Ζῇ Κύριος ὁ θεός

ζ ῆ λ ο ς

    8,5   θεωρῶν τ. ἀνομίας... ἤγουν... ἔρεις, ζήλη, καταλαλίας

   13,4   κ. ὅπου... ἔρεις, ζῆλος, γογγυσμός, ... ἐκεῖ εἰσιν ἐργάται

           τ. τοιούτων

ζ ο φ ώ δ η ς

    4,3   κ. ἦν ἡ εἰδέα αὐτοῦ ζοφώδης κ. βέβηλος.

ζ ῷ ο ν

    6,6   οὐκ ἂν τ. ἀνθρώπων γένος ἐσώζετο, οὔτε ἕτερόν τι ζῷον

ἤ (cf. Reg.)

ἤ γ ο υ ν (cf. Reg.)

ἥ λ ι ο ς

    6,1   ἤγαγέν με ὅπου ὁ ἥλιος ἐκπορεύεται.

    6,2   Κ. ἰδοὺ ὄρνεον περιτρέχον ἔμπροσθεν τ. ἡλίου, ὡς ὄρη

           ἐννέα.

    6,5   Τοῦτο τὸ ὄρνεον παρατρέχει τῷ ἡλίῳ

   6,16   Ὁ ἥλιος γὰρ ἑτοιμάζεται ὑπὸ τ. ἀγγέλων

    7,1   Κ. ποῦ ἀποσχολεῖται ὁ ἥλιος ἀφ' οὗ ὁ ἀλέκτωρ φωνεῖ ;

    7,2   κ. ἐν τῷ τρίτῳ οὐρανῷ διέρχεται ὁ ἥλιος

    7,4   ὁρῶ τὸ ὄρνεον... Κ. ὄπισθεν τούτου τ. ἥλιον ἐξαστράπ-

           τοντα κ. τ. ἀγγέλους

    7,5   Κ. ἅμα τῷ λάμψαι τ. ἥλιον ἐξέτεινε κ. ὁ φοῖνιξ τ. αὐτοῦ

           πτέρυγας.

    8,1   ὁρῶ τὸ ὄρνεον... κ. τ. ἥλιον μετὰ τ. ἀγγέλων ἐρχόμενον.

    8,3   διὰ τί ἦραν τ. στέφανον ἀπὸ τ. κεφαλῆς τ. ἡλίου

    8,4   Ὁ στέφανος τ. ἡλίου... λαμβάνουσι τέσσαρες ἄγγελοι

           τοῦτον

    8,6   ἐπεὶ διὰ τὸ κατέχειν τὰς τ. ἡλίου ἀκτῖνας... ὡς δι' αὐτοῦ

           ταπεινοῦται.

    8,7   Εἰ μὴ γὰρ αἱ τούτου πτέρυγες... περιέσκεπον τὰς τ. ἡλίου

           ἀκτῖνας

    9,8   οὐδὲ ἐνώπιον τ. ἡλίου δύνανται ἡ σελήνη κ. ἀστέρες

           αὐγάσαι.

Ἀεὶ γὰρ οἱ ἀστέρες κρεμάνται, ἀλλ' ὑπὸ τ. ἡλίου σκεδά-
ζονται.
Κ. ἡ σελήνη σῷα οὖσα ὑπὸ τῆς τ. ἡλίου θέρμης ἐκδαπανᾶται.

ἡ μ ε ῖ s   (cf. ἐ γ ώ)

ἡ μ έ ρ α
  1,7   προσθήσει ὁ θεὸς ἐν τῇ ἡμέρᾳ τ. κρίσεως κρίσιν ἐμοί
  2,2   Κ. εἰσήλθομεν ὡς ἐν πτέρυξιν ὡσεὶ πορείας ὁδοῦ ἡμερῶν
         τριάκοντα.
  3,2   Κ. εἰσήλθομεν ἀναπτερωμένοι ὡσεὶ πορείας ὁδοῦ ἡμερῶν
         ἑξήκοντα.
  4,2   [...] ... ὡσεὶ πορείας ἡμερῶν ἑκατὸν ὀγδοήκοντα πέντε.
  4,14 Νῶε... Κ. τεσσαράκοντα ἡμέρας τ. εὐχὴν ἐκτελέσαντος...
         εἶπεν
  8,4   ὅταν τ. ἡμέραν διαδράμῃ, λαμβάνουσι τέσσαρες ἄγγελοι
         τοῦτον
  8,4   Κ. λοιπὸν καθ' ἑκάστην ἡμέραν οὕτως ἀνακαινίζεται.
  9,7   τ. σελήνης... ὁ θεός... κ. ἐκολόβωσεν τ. ἡμέρας αὐτῆς.

ἡ μ έ τ ε ρ ο s   (cf. Reg.)

ἤ ν ε γ κ ο ν ,   cf. φ έ ρ ω

ἡ σ υ χ ά ζ ω
  1,6   Κ. ταῦτα εἰπών μοι, ἡσύχασα.

ἦ χ ο s
  6,13 Κ. ἐν τῷ ὁμιλεῖν αὐτὸν ἐγένετο βροντὴ ὡς ἦχος βροντῆς

θ ά λ α σ σ α
  4,6   ὁ "Ἀιδης... ἐν ᾧ κ. πίνει ἀπὸ τ. θαλάσσης ὡσεὶ πῆχυν μίαν
  4,7   ποταμούς... κ. ἀπὸ τούτων οὐκ ἐκλείπει ἡ θάλασσα.
  5,2   ὅτι πίνει ὁ δράκων ἐκ τ. θαλάσσης πῆχυν μίαν
  10,8 ὅτι ἀπὸ τ. θαλάσσης ἐστὶ τὸ ὕδωρ ὅπερ βρέχει ;
  10,9 Τὸ μὲν βρέχον ἀπὸ τ. θαλάσσης κ. τῶν ἐπὶ γῆς ὑδάτων
         κ. τοῦτό ἐστιν

θ ά ν α τ ο s
  16,3 Κ. διχοτομήσατε αὐτοὺς ἐν μαχαίρᾳ κ. ἐν θανάτῳ

θ α υ μ α σ τ ό ς

    4,1   'Ιδού, Κύριε, μεγάλα κ. θαυμαστὰ ἔδειξάς μοι

   10,5   τὸ μὲν πεδίον ἐστὶ τὸ περιέχον τ. λίμνην κ. ἄλλα θαυμαστὰ
           ἐν αὐτῷ

θ έ α

    7,4   κ. στέφανον..., οὗ τ. θέαν οὐκ ἠδυνήθημεν ἀντοφθαλμῆσαι
           κ. ἰδεῖν.

θ έ λ ω

   13,1   ὅτι πονηροῖς ἀνθρώποις παρεδόθημεν, κ. θέλομεν ὑπο-
           χωρῆσαι ὑπ' αὐτῶν.

θ ε ο μ α χ ί α

    2,7   Οὗτοί εἰσιν οἱ τ. πύργον τ. θεομαχίας οἰκοδομήσαντες

θ ε ό ς

   Tit. 1   Διήγησις κ. ἀποκάλυψις Βαρούχ περὶ ὧν κελεύματι θεοῦ
           ἀρρήτων εἶδεν.

   Tit. 2   ὅτε κ. 'Αβιμελὲχ ἐπὶ 'Αγροίππα τὸ χωρίον τῇ χειρὶ θεοῦ
           διεφυλάχθη

    1,1   κ. ὅπως συνεχωρήθη Ναβουχοδονόσωρ ὁ βασιλεὺς ὑπὸ
           θεοῦ πορθῆσαι τ. πόλιν αὐτοῦ

    1,2   ὀνειδίζοντες λέγουσιν · Ποῦ ἐστιν ὁ θεὸς αὐτῶν ;

    1,3   ὅτι τάδε λέγει Κύριος ὁ θεὸς ὁ παντοκράτωρ.

    1,4   ὅπως ἀναγγείλω κ. ὑποδείξω σοι πάντα τ. θεοῦ.

    1,5   'Η γὰρ δέησίς σου... κ. εἰσῆλθεν εἰς τὰ ὦτα Κυρίου τ. θεοῦ.

    1,6   Παῦσον τ. θεὸν παροξύνειν

    1,7   Κ. εἶπον ἐγὼ Βαρούχ · Ζῇ Κύριος ὁ θεός

    1,7   προσθήσει ὁ θεὸς ἐν τῇ ἡμέρᾳ τ. κρίσεως κρίσιν ἐμοί

    1,8   Δεῦρο κ. ὑποδείξω σοι τὰ μυστήρια τ. θεοῦ.

    2,1   οὐδὲ ξένη πνοὴ ἐκ πασῶν ὧν ἔθετο ὁ θεός.

    3,8   Ταῦτα ἰδὼν ὁ θεὸς οὐ συνεχώρησεν αὐτούς

    4,7   Κύριος ὁ θεὸς ἐποίησεν τριακοσίους ἑξήκοντα ποταμούς

    4,8   'Η ἄμπελός ἐστιν, ἣν ἐφύτευσεν... ὅτινη ὠργίσθη Κύριος
           ὁ θεός

    4,9   ἡ ἄμπελος, κ. κατάρας ὑπόδικος παρὰ θεοῦ κ. τ. πρωτο-
           πλάστου ἀναίρεσις

   4,10   ὅτε ἐποίησεν ὁ θεὸς τ. κατακλυσμὸν ἐπὶ τ. γῆς... εἰσῆλθε
           τὸ ὕδωρ

4,13　τὸ κλῆμα... φυτεύσω... μὴ κ. αὐτὸς ὀργῆς θεοῦ ἐπιτύχω
　　　　δι᾽ αὐτοῦ.

4,13　Νῶε... προσηύξατο ὅπως ἀποκαλύψῃ αὐτῷ ὁ θεὸς περὶ
　　　　αὐτοῦ τί ποιήσει.

4,15　✝᾽Απέστειλε δὲ ὁ θεὸς τ. ἄγγελον αὐτοῦ τὸν Σαρασαήλ✝

4,15　✝κ. τὸ παρ᾽ αὐτοῦ γεννώμενον γενήσεται αἷμα θεοῦ✝

4,16　ὅτι ὥσπερ ὁ ᾽Αδὰμ δι᾽ αὐτοῦ τ. ξύλου... κ. τ. δόξης θεοῦ
　　　　ἐγυμνώθη,
　　　　οὕτως κ. οἱ νῦν ἄνθρωποι... κ. τῆς τ. θεοῦ δόξης μακρὰν
　　　　γίνονται

6,6　ἀλλὰ προσέταξεν ὁ θεὸς τοῦτο τὸ ὄρνεον.

6,12　Μεῖνον δέ, κ. ὄψει δόξαν θεοῦ.

7,2　᾽Αλλ᾽ἔκδεξαι κ. ὄψει δόξαν θεοῦ.

8,5　κ. τὰ τούτων ὅμοια, ἅτινα οὔκ εἰσι τῷ θεῷ ἀρεστά

9,6　τ. σελήνης... ταύτην ἣν βλέπεις ὡραία ἣν γεγραμμένη
　　　　ὑπὸ θεοῦ ὡς οὐκ ἄλλη.

9,7　Κ. ὠργίσθη αὐτῇ ὁ θεός, κ. ἔθλιψεν αὐτήν

11,2　᾽Αλλ᾽ ἀνάμεινον κ. ὄψει τ. δόξαν τ. θεοῦ.

11,9　ἀγαθά, ἅτινα... ἀποκομίζονται ἔμπροσθεν τ. ἐπουρανίου
　　　　θεοῦ.

14,2　῎Αρτι προσφέρει Μιχαὴλ τὰς τ. ἀνθρώπων ἀρετὰς τῷ
　　　　θεῷ.

17,3　δόξαν ἔφερον τῷ θεῷ τῷ ἀξιώσαντί με τοιούτου ἀξιώματος.

17,4　ἀδελφοί... δοξάσατε κ. αὐτοὶ τ. θεόν

θ έ ρ μ η

9,8　Κ. ἡ σελήνη... ὑπὸ τῆς τ. ἡλίου θέρμης ἐκδαπανᾶται.

θ ε ω ρ έ ω

8,5　τ. ἡλίου... θεωρῶν τ. ἀνομίας κ. τ. ἀδικίας τ. ἀνθρώπων,
　　　　ἤγουν πορνείας...

θ ε ω ρ ί α

3,3　κ. ἦν πλῆρες ἀνθρώπων · ἡ δὲ θεωρία αὐτῶν ὁμοία κυνῶν

θ λ ί β ω

9,7　τ. σελήνης... Κ. ὠργίσθη αὐτῇ ὁ θεὸς κ. ἔθλιψεν αὐτήν,
　　　　κ. ἐκολόβωσεν τ. ἡμέρας αὐτῆς.

θ ύ ρ α

2,2 ἐπὶ τ. πρῶτον οὐρανόν, κ. ἔδειξέ μοι θύραν πανμεγέθη.
2,5 Ἡ θύρα αὕτη ἣν ὁρᾷς ἐστιν τ. οὐρανοῦ
3,1 Κ. ὑπέδειξέν μοι [ἐν] κἀκεῖ θύραν ὁμοίαν τ. πρώτης.
14,1 ἀπῆλθεν ὁ Μιχαήλ, κ. ἐκλείσθησαν αἱ θύραι.
17,1 Κ. ἅμα τῷ λόγῳ ἐκλείσθη ἡ θύρα

ἴ δ ι ο ς

6,16 οὕτως κ. ὁ ἀλέκτωρ (οὕτως... om. B) μηνύει τοῖς ἐν
τῷ κόσμῳ κατὰ τ. ἰδίαν λαλιάν.

ἰ δ ο ύ

1,3 Κ. ἰδού... ὁρῶ ἄγγελον Κυρίου ἐλθόντα κ. λέγοντά μοι
4,1 Ἰδού, Κύριε, μεγάλα κ. θαυμαστὰ ἔδειξάς μοι
6,2 Κ. ἰδοὺ ὄρνεον περιτρέχον ἔμπροσθεν τ. ἡλίου, ὡς ὄρη
ἐννέα.
11,5 Κ. ἰδοὺ ἦλθεν φωνή · Ἀνοιγήτωσαν αἱ πύλαι.
12,1 Κ. ἐν τῷ ὁμιλεῖν με αὐτοῖς, ἰδοὺ ἦλθον ἄγγελοι

ἱ ε ρ ε ύ ς

16,4 ἀλλ'ἐγένοντο... κ. ὑβρισταὶ τ. ἱερέων τῶν τ. λόγους μου
κηρυττόντων αὐτοῖς.

Ἱ ε ρ ο υ σ α λ ή μ

Tit. 2 Βαρούχ..., κλαίων ὑπὲρ τ. αἰχμαλωσίας Ἱερουσαλήμ
1,3 κ. μὴ τοσοῦτόν σε μέλῃ περὶ τ. σωτηρίας Ἱερουσαλήμ

Ἰ η σ ο ῦ ς

4,15 †πάλιν διὰ Ἰησοῦ Χριστοῦ τοῦ Ἐμμανουὴλ ἐν αὐτῷ μέλ-
λουσιν τ. ἀνάκλησιν προσλαβεῖν†

ἵ ν α (cf. Reg.)

ἵ σ τ η μ ι

6,13 κ. ἐσαλεύθη ὁ τόπος ἐν ᾧ ἱστάμεθα.
8,2 Τὸ δὲ ὄρνεον ἔστη τεταπεινωμένον κ. συστέλλον τ. πτέρυγας
αὐτοῦ.
11,8 Μιχαήλ, κ. ... ὁ ἄγγελος... Κ. οὕτως ἀλλήλους κατασπασά-
μενοι ἔστησαν.

κ ἀ γ ώ

    2,4   'Ἀνάγγειλόν μοι ... ἵνα κἀγὼ ἀπαγγείλω τ. υἱοῖς τ. ἀνθρώπων.

κ ά θ η μ α ι

    Tit. 2 κ. οὗτος ἐκάθητο ἐπὶ τ. ὡραίας πύλας

    6,2   Κ. ἐπὶ τ. ἅρματος ἄνθρωπος καθήμενος φορῶν στέφανον πυρός

    9,3   ὁρῶ κ. ταύτην ἐν σχήματι γυναικὸς κ. καθημένην ἐπὶ ἅρματος τροχοῦ.

κ α θ ί σ τ η μ ι

    3,8   Ταῦτα ἰδὼν ὁ θεὸς ... κ. κατέστησεν αὐτοὺς ὡς ὁρᾷς.

    15,4 Ἐπὶ ὀλίγῃ ἐστὲ πιστοί, ἐπὶ πολλῶν ὑμᾶς καταστήσει

κ α θ ώ ς (cf. Reg.)

κ α ί *(adv.)*

    2,5   τοσοῦτόν ἐστιν καὶ τὸ πάχος αὐτοῦ

    2,5   κ. ὅσον πάλιν ἐστὶ καὶ τὸ τ. πεδίου μῆκος

    4,6   ἀπηνής... ὁ Ἅδης, ὅστις καὶ αὐτὸς παρόμοιός ἐστιν αὐτοῦ

    4,8   Ἐν ᾧ καὶ διὰ τοῦτο οὐ συνεχώρησεν τὸν Ἀδὰμ ἅψασθαι αὐτοῦ.

    4,12 Νῶε... Εὗρε δὲ καὶ τὸ κλῆμα

    5,2   εἰπέ μοι καὶ πόση ἐστὶν ἡ κοιλία αὐτοῦ;

    5,3   Ἐλθὲ οὖν ὅπως δείξω σοι καὶ μείζονα τούτων ἔργα.

    6,16 ὡς γὰρ τὰ δίστομα, οὕτως καὶ ὁ ἀλέκτωρ (ὡς... om. B) μηνύει τοῖς ἐν τῷ κόσμῳ

    7,5   Κ. ἅμα τῷ λάμψαι τ. ἥλιον ἐξέτεινε καὶ ὁ φοῖνιξ τὰς αὐτοῦ πτέρυγας.

    7,6   κ. ὄψει καὶ τ. δύσιν αὐτῶν.

    9,1   Κ. τούτων συσταλέντων καὶ ἡ νὺξ κατέλαβεν
           κ. ἅμα ταύτῃ μετὰ καὶ τ. σελήνης κ. μετὰ τ. ἀστέρων.

    9,2   τ. σελήνης... δεῖξόν μοι καὶ ταύτην

    9,3   κ. ὄψει καὶ ταύτην ὡς μετ'ὀλίγον.
           κ. τῇ ἐπαύριον ὁρῶ καὶ ταύτην

    9,8   Κ. πῶς οὐ λάμπει καὶ ἐν παντί, ἀλλ' ἐν τῇ νυκτὶ μόνον;

    10,9 Τὸ μὲν βρέχον ἀπὸ τ. θαλάσσης... καὶ τοῦτό ἐστιν.

    15,3 Κ. λέγει καὶ τ. ἀποκένους φέροντας τ. κανίσκους

15,4   Εἶτα λέγει καὶ τοῖς τὰ γέμοντα ἐνεγκοῦσι

16,1   Κ. στραφεὶς λέγει καὶ τοῖς μηδὲν ἐνεγκοῦσιν

κ α ί   (conj., cf. Reg.)

κ α ι ρ ό ς

8,1   Κ. ὅταν ἦλθεν ὁ καιρὸς τοῦ δῦσαι, ὁρῶ πάλιν

κ ἀ κ ε ῖ   (cf. Reg.)

κ α κ ό ς

4,9   Κ. ἐπεὶ τοσούτου κακοῦ αἰτία γέγονεν ἡ ἄμπελος

κ α κ ῶ ς

4,5   Ὁ μὲν δράκων ἐστὶν ὁ τὰ σώματα τῶν κακῶς τ. βίον
       μετερχομένων ἐσθίων

κ α λ έ ω

6,10   Φοῖνιξ καλεῖται τὸ ὄνομα αὐτοῦ.

κ α λ ό ς

15,2   δότε... τ. μισθὸν... κ. τοῖς ἐμπόνως ἐργασαμένοις τὰ καλὰ
        ἔργα.

κ α λ ῶ ς

11,7   ὁ τὰς ἀποκαλύψεις διερμηνεύων τοῖς καλῶς τ. βίον διερχο-
        μένοις.

15,2   Οἱ γὰρ καλῶς σπείραντες κ. καλῶς ἐπισυνάγουσιν.

κ ά μ π η

16,3   ῎Ετι σὺν τούτοις ἐξαποστείλατε κάμπην κ. βροῦχον

κ α ν ί σ κ ι ο ν

12,1   ἰδοὺ ἦλθον ἄγγελοι φέροντες κανίσκια γέμοντα ἀνθῶν

12,6   Κ. εἶδον ἑτέρους ἀγγέλους φέροντας κανίσκια κενὰ οὐ
        γέμοντα.

15,2   Κ. τ. ἀγγέλους τ. ἐνεγκόντας τὰ κανίσκια πλήρη ἐπλήρωσεν
        αὐτὰ ἐλαίῳ

* κ ά ν ι σ κ ο ς

12,4   Κ. λαβὼν ὁ ἀρχάγγελος τοὺς κανίσκους ἔβαλεν αὐτοὺς
       εἰς τ. φιάλην.

15,3   Κ. λέγει κ. τ. ἀποκένους φέροντας τοὺς κανίσκους · Δεῦτε
       κ. ὑμεῖς

κ α ρ π ό ς

10,6   τὰ νέφη... βρέχουσιν ἐπὶ τ. γῆς, κ. αὐξάνουσιν οἱ καρποί.

10,9   τὸ δὲ τ. καρποὺς ἐνεργοῦν ἐκ τούτου ἐστίν.

κ α τ ά   (cf. Reg.)

κ α τ α δ ί κ η

4,15   †κ. ὥσπερ ὑπ' αὐτοῦ τ. καταδίκην ἔλαβεν τὸ γένος τ.
       ἀνθρώπων†

4,16   ὥσπερ ὁ Ἀδὰμ δι' αὐτοῦ τ. ξύλου τ. καταδίκην ἔλαβεν

κ α τ α κ λ υ σ μ ό ς

4,10   ὅτε ἐποίησεν ὁ θεὸς τ. κατακλυσμὸν ἐπὶ τ. γῆς

κ α τ α λ α λ ί α

8,5   θεωρῶν τ. ἀνομίας... ἤγουν... ζήλη, καταλαλίας, γογγυσ-
       μούς

13,4   κ. ὅπου... κλεψίαι, καταλαλίαι, ἐπιορκίαι, ... ἐκεῖ εἰσιν
       ἐργάται τ. τοιούτων

κ α τ α λ α μ β ά ν ω

9,1   κ. ἡ νὺξ κατέλαβεν κ. ἅμα ταύτῃ μετὰ κ. τ. σελήνης κ.
       μετὰ τ. ἀστέρων.

κ α τ ά ρ α

4,9   Κ. ἐπεὶ... γέγονεν ἡ ἄμπελος κ. κατάρας ὑπόδικος παρὰ
       θεοῦ κ. τ. πρωτοπλάστου ἀναίρεσις

4,15   †λέγει Κύριος · ...κ.ἡ κατάρα αὐτοῦ γενήσεται εἰς εὐλογίαν†

κ α τ α ρ ά ο μ α ι

4,8   Κύριος ὁ θεός · κ. ἐκατηράσατο αὐτὸν κ. τ. φυτείαν αὐτοῦ.

κ α τ α σ π ά ζ ο μ α ι

11,8   Μιχαήλ, κ. ... ὁ ἄγγελος... Κ. οὕτως ἀλλήλους κατασπα-
       σάμενοι ἔστησαν.

κ α τ α φ ρ ο ν η τ ή ς

    16,4   ἀλλ' ἐγένοντο καταφρονηταὶ τ. ἐντολῶν μου κ. τ. ἐκκλη-
            σιῶν μου

κ α τ έ ρ χ ο μ α ι

    11,4   ῎Αρτι κατέρχεται ὁ ἀρχιστράτηγος Μιχαὴλ ἵνα δέξηται τ.
            δεήσεις
    15,1   Κ. αὐτῇ τῇ ὥρᾳ κατῆλθεν ὁ Μιχαήλ, κ. ἠνοίγη ἡ πύλη

κ α τ έ χ ω

    8,6   ἐπεὶ διὰ τὸ κατέχειν τὰς τ. ἡλίου ἀκτῖνας... ὡς δι' αὐτοῦ
           ταπεινοῦται.

κ α τ ο ι κ έ ω

    2,3   πεδίον. Κ. ἦσαν ἄνθρωποι κατοικοῦντες ἐν αὐτῷ

κ α τ ο ρ θ ό ω

    4,17   τ. οἴνου... Κ. οὐδὲν ἀγαθὸν δι' αὐτοῦ κατορθοῦται.

κ α ῦ σ ι ς

    8,6   διὰ τὸ κατέχειν τὰς τ. ἡλίου ἀκτῖνας, διὰ τ. πυρὸς κ. τῆς
           ὁλοημέρου καύσεως, ὡς δι' αὐτοῦ ταπεινοῦται.

κ ε ῖ μ α ι

    Tit. 2   ἐπὶ τ. ὡραίας πύλας, ὅπου ἔκειτο τὰ τ. ἁγίων ἅγια.

κ έ λ ε υ μ α

    Tit. 1   Διήγησις κ. ἀποκάλυψις Βαροὺχ περὶ ὧν κελεύματι θεοῦ
            ἀρρήτων εἶδεν.

κ ε ν ό ς

    12,6   Κ. εἶδον ἑτέρους ἀγγέλους φέροντας κανίσκια κενὰ οὐ
           γέμοντα.

κ έ ρ α ς

    2,3   Κ. ἦσαν ἄνθρωποι... ὧν τὰ πρόσωπα βοῶν, τὰ δὲ
           κέρατα ἐλάφων

44

κ ε φ α λ ή

    7,4   ὁρῶ... τ. ἥλιον... κ. τ. ἀγγέλους... φέροντας κ. στέφανον
          ἐπὶ τ. κεφαλὴν αὐτοῦ

    8,3   διὰ τί ἦραν τ. στέφανον ἀπὸ τ. κεφαλῆς τ. ἡλίου ;

κ η ρ ύ τ τ ω

    16,4 ἀλλ᾽ἐγένοντο... κ. ὑβρισταὶ τ. ἱερέων τῶν τ. λόγους μου
          κηρυττόντων αὐτοῖς.

κ ι β ω τ ό ς

    4,11 Κ. ὅταν... κ. ἐξῆλθε Νῶε τῆς κιβωτοῦ

κ ι ν ά μ ω μ ο ν

    6,12 κ. τὸ τ. σκώληκος ἀφόδευμα γίνεται κινάμωμον, ᾧπερ
          χρῶνται βασιλεῖς κ. ἄρχοντες.

κ λ α ί ω

    Tit. 2 Βαρούχ, ὃς ἔστιν ἐπὶ ποταμοῦ Γέλ., κλαίων ὑπὲρ τ.
          αἰχμαλωσίας Ἰερουσαλήμ

    1,1   Οἳ νῦν ἐγώ, Βαρούχ, κλαίων ἐν τῇ συνέσει μου

    1,3   Κ. ἰδοὺ ἐν τῷ κλαίειν με κ. λέγειν τοιαῦτα, ὁρῶ ἄγγελον

    4,14 Νῶε... κ. πολλὰ δεηθεὶς κ. κλαύσας εἶπεν · Κύριε, παρα-
          καλῶ

    13,1 ἦλθον ἕτεροι ἄγγελοι κλαίοντες κ. ὀδυρόμενοι κ. μετὰ
          φόβου λέγοντες.

    16,1 Τάδε λέγει Κύριος · Μή ἐστε σκυθρωποί, κ. μὴ κλαίετε

κ λ ε ι δ ο ῦ χ ο ς

    11,2 ἕως ἔλθῃ Μιχαὴλ ὁ κλειδοῦχος τ. βασιλείας τ. οὐρανῶν.

κ λ ε ί ω

    11,2 εἰς πέμπτον οὐρανόν. Κ. ἦν ἡ πύλη κεκλεισμένη.

    14,1 ἀπῆλθεν ὁ Μιχαήλ, κ. ἐκλείσθησαν αἱ θύραι.

    17,1 Κ. ἅμα τῷ λόγῳ ἐκλείσθη ἡ θύρα, κ. ἡμεῖς ἀνεχωρή-
          σαμεν.

*κ λ ε ψ ί α

    13,4 Κ. ὅπου... μοιχεῖαι, κλεψίαι, καταλαλίαι... ἐκεῖ εἰσιν
          ἐργάται τ. τοιούτων

κ λ ῆ μ α

4,10 τὸ δὲ κλῆμα τῆς ἀμπέλου ἐξώρισεν εἰς τὸ παντελὲς κ.
ἐξέβαλεν ἔξω.

4,12 Νῶε... Εὗρε δὲ κ. τὸ κλῆμα

4,15 †Ἀναστάς, Νῶε, φύτευσον τὸ κλῆμα†

κ λ ο π ή

4,17 πάντα γίνονται οἷον... ἐπιορκεῖαι, κλοπαί, κ. τὰ τούτων
ὅμοια.

8,5 θεωρῶν τ. ἀνομίας... ἤγουν... μοιχείας, κλοπάς, ἁρπαγάς

κ ο ι λ ί α

5,2 πίνει ὁ δράκων... εἰπέ μοι κ. πόση ἐστὶν ἡ κοιλία αὐτοῦ;

5,3 ὁ δράκων... Ἡ κοιλία τούτου ὁ Ἄδης ἐστίν.
Κ. ὅσον... τοσαύτη ἐστὶν ἡ κοιλία αὐτοῦ.

κ ο λ ο β ό ω

9,7 τ. σελήνης... Κ. ὠργίσθη αὐτῇ ὁ θεός, κ. ἔθλιψεν αὐτήν,
κ. ἐκολόβωσεν τ. ἡμέρας αὐτῆς.

κ ό ρ ο ς

4,17 Ταῦτα γὰρ ποιοῦσιν οἱ τοῦτον εἰς κόρον πίνοντες

κ ο ρ υ φ ή

8,1 τ. ἥλιον... κ. ἦραν τ. στέφανον ἀπὸ τ. κορυφῆς αὐτοῦ.

κ ό σ μ ο ς

6,14 φωνὴ λέγουσα · Φωτόδοτα, δὸς τῷ κόσμῳ τὸ φέγγος.

6,16 οὕτως κ. ὁ ἀλέκτωρ (οὕτως... om. B) μηνύει τοῖς ἐν τῷ
κόσμῳ κατὰ τ. ἰδίαν λαλιάν

7,2 ὁ ἥλιος κ. διδοῖ τῷ κόσμῳ τὸ φέγγος.

10,3 Κ. πάντα μεγάλα ὑπερέχοντα τῶν ἐν κόσμῳ.

κ ρ α τ έ ω

11,8 Κ. ἴδον τ. ἀρχιστράτηγον Μιχαὴλ κρατοῦντα φιάλην
μεγάλην σφόδρα.

11,8 Κύριε, τί ἐστιν ὃ κρατεῖ Μιχαὴλ ὁ ἀρχάγγελος;

κ ρ έ μ α μ α ι

9,8 Ἀεὶ γὰρ οἱ ἀστέρες κρέμανται, ἀλλ'ὑπὸ τ. ἡλίου σκεδά-
ζονται.

κ ρ ί σ ι ς

     1,7   προσθήσει ὁ θεὸς ἐν τῇ ἡμέρᾳ τ. κρίσεως κρίσιν ἐμοί

κ τ ύ π ο ς

     6,15   Κ. ἀκούσας τ. κτύπον τ. ὀρνέου, εἶπον ·
           Κύριε, τί ἐστιν ὁ κτύπος οὗτος ;

κ υ ρ ι ε ύ ω

     13,2   Οὐ δύνασθε ὑποχωρεῖν... ἵνα μὴ εἰς τέλος κυριεύσῃ ὁ
           Ἐχθρός

Κ ύ ρ ι ο ς

     1,2   Κύριε, ἵνα τί ἐξέκαυσας τ. ἀμπελῶνά σου
     1,2   κ. ἵνα τί, Κύριε, οὐκ ἀπέδωκας... ἀλλὰ παρέδωκας
           ἡμᾶς εἰς ἔθνη
     1,3   Κ. ἰδού... ὁρῶ ἄγγελον Κυρίου ἐλθόντα κ. λέγοντά μοι
     1,3   ὅτι τάδε λέγει Κύριος ὁ θεὸς ὁ παντοκράτωρ.
     1,5   Ἡ γὰρ δέησίς σου... κ. εἰσῆλθεν εἰς τὰ ὦτα Κυρίου τ.
           θεοῦ.
     1,7   Κ. εἶπον ἐγὼ Βαρούχ · Ζῇ Κύριος ὁ θεός
     2,7   κ. ἐξετόπησεν αὐτοὺς ὁ Κύριος.
     3,1   Κ. λαβών με ὁ ἄγγελος Κυρίου ἤγαγέν με εἰς δεύτερον
           οὐρανόν.
     3,4   Δέομαί σου, Κύριε, εἰπέ μοι τίνες εἰσὶν οὗτοι ;
     3,6   Κ. ὀφθεὶς αὐτοῖς ὁ Κύριος ἐνήλλαξεν αὐτῶν τ. γλώσσας
     4,1   Ἰδού, Κύριε, μεγάλα κ. θαυμαστὰ ἔδειξάς μοι ·
           κ. νῦν δεῖξόν μοι πάντα διὰ τ. Κύριον.
     4,7   Κύριος ὁ θεὸς ἐποίησεν τριακοσίους ἑξήκοντα ποταμούς
     4,8   Ἡ ἄμπελός ἐστιν, ἣν ἐφύτευσεν... ὅτινη ὠργίσθη Κύριος
           ὁ θεός
     4,14   Κύριε, παρακαλῶ ὅπως ἀποκαλύψῃς μοι τί ποιήσω
     4,15   †φύτευσον τὸ κλῆμα, ὅτι τάδε λέγει Κύριος†
     5,1   Κ. εἶπον ἐγὼ Βαρούχ... Ἐπερωτῶ σε ἕνα λόγον, Κύριε
     6,4   Κ. εἶπον · Κύριε, πῶς ἐστὶν φύλαξ τ. οἰκουμένης ;
     6,9   Κ. εἶπον · Κύριε, τί ἐστι τὸ ὄρνεον τοῦτο, κ. τί τὸ ὄνομα
           αὐτοῦ ;
     6,13   Κ. ἠρώτησα τ. ἄγγελον · Κύριέ μου, τί ἐστιν ἡ φωνὴ
           αὕτη ;
     6,15   εἶπον · Κύριε, τί ἐστιν ὁ κτύπος οὗτος ;

8,3   ἐγὼ εἶπον · Κύριε, διὰ τί ἦραν τ. στέφανον

8,5   Κ. εἶπον ἐγὼ Βαρούχ · Κύριε, κ. διὰ τί μολύνονται αἱ
      ἀκτῖνες αὐτοῦ

9,2   Κ. εἶπον ἐγὼ Βαρούχ · Κύριε, δεῖξόν μοι κ. ταύτην

9,4   Κ. εἶπον · Κύριε, τί εἰσιν οἱ βόες κ. οἱ ἀμνοί ;

10,7 Κ. εἶπον πάλιν τ. ἄγγελον Κυρίου · Τὰ δὲ ὄρνεα ;

10,7 Αὐτά εἰσιν ἃ διαπαντὸς ἀνυμνοῦσι τ. Κύριον.

10,8 Κ. εἶπον ἐγὼ Βαρούχ · Κύριε, κ. πῶς λέγουσιν οἱ ἄνθρωποι

11,2 Κ. εἶπον · Κύριε, οὐκ ἀνοίγεται ὁ πυλὼν οὗτος

11,3 Κ. εἶπον · Κύριε, τί ἐστιν ἡ φωνὴ αὕτη ;

11,8 Κ. εἶπον · Κύριε, τί ἐστιν ὃ κρατεῖ Μιχαήλ

12,2 Κ. ἠρώτησα τ. ἄγγελον · Κύριε, τίνες εἰσὶν οὗτοι

13,1 Ἴδε ἡμᾶς μεμελανωμένους, Κύριε, ὅτι πονηροῖς ἀνθρώποις
      παρεδόθημεν

13,5 ἐκδέξασθε ἕως οὗ μάθω παρὰ Κυρίου τὸ τί γένηται.

15,4 κ. εἴπατε αὐτοῖς ὅτι τάδε λέγει Κύριος

15,4 εἰσέλθατε εἰς τ. χαρὰν τ. Κυρίου ὑμῶν (mss ἡμῶν) ([1]).

16,1 Τάδε λέγει Κύριος · Μή ἐστε σκυθρωποί

κ ύ ω ν

3,3   κ. ἦν πλῆρες ἀνθρώπων · ἡ δὲ θεωρία αὐτῶν ὁμοία κυνῶν

λ α λ έ ω

1,7   οὐ μὴ προσθήσω ἔτι λαλῆσαι ·
      προσθήσει ὁ θεὸς ... κρίσιν ἐμοί, ἐὰν λαλήσω τ. λοιποῦ.

λ α λ ι ά

6,16 οὕτως κ. ὁ ἀλέκτωρ (οὕτως ... om. Β) μηνύει τοῖς ἐν
      τῷ κόσμῳ κατὰ τ. ἰδίαν λαλιάν.

λ α μ β ά ν ω

2,1   Κ. λαβών με ἤγαγέν με ὅπου ἐστήρικται ὁ οὐρανός

2,2   Κ. λαβών με ἤγαγέν με ἐπὶ τ. πρῶτον οὐρανόν

3,1   Κ. λαβών με ὁ ἄγγελος Κυρίου ἤγαγέν με εἰς δεύτερον
      οὐρανόν.

3,7   Κ. λαβόντες τρύπανον ἔσπευδον τρυπῆσαι τ. οὐρανόν

([1]) Le texte de l'éd. donne aussi ἡμῶν, sans doute par erreur, car l'apparat critique
suppose la correction en ὑμῶν.

4,12   Νῶε... Εὗρε δὲ κ. τὸ κλῆμα, κ. λαβὼν ἐλογίζετο ἐν ἑαυτῷ
τί ἄρα ἐστίν.

4,15   †κ. ὥσπερ ὑπ' αὐτοῦ τ. καταδίκην ἔλαβεν τὸ γένος τ.
ἀνθρώπων†

4,16   ὥσπερ ὁ Ἀδὰμ δι' αὐτοῦ τ. ξύλου τ. καταδίκην ἔλαβεν

6,1   Κ. λαβών με ἤγαγέν με ὅπου ὁ ἥλιος ἐκπορεύεται.

8,1   ὁ ἄγγελος... Κ. λαβών με ἤγαγέν με ἐπὶ δυσμάς.

8,4   Ὁ στέφανος... λαμβάνουσι τέσσαρες ἄγγελοι τοῦτον κ.
ἀναφέρουσιν... κ. ἀνακαινίζουσιν αὐτόν

9,7   παρῆψε τῷ Σαμαὴλ ὅτε τὸν ὄφιν ἔλαβεν ἔνδυμα

10,1   παρὰ τ. ἀρχαγγέλου, λαβὼν ἤγαγέν με εἰς τρίτον οὐρανόν.

10,6   Τὸ δὲ ὕδωρ ἐστὶν ὅπερ τὰ νέφη λαμβάνοντα βρέχουσιν
ἐπὶ τ. γῆς

11,1   Κ. ἀπὸ τούτου λαβών με ὁ ἄγγελος ἤγαγέν με εἰς πέμπτον
οὐρανόν.

12,4   Κ. λαβὼν ὁ ἀρχάγγελος τ. κανίσκους ἔβαλεν αὐτοὺς εἰς τ.
φιάλην.

17,2   Κ. λαβών με ὁ ἄγγελος ἀπεκατέστησέν με εἰς τὸ ἀπ'ἀρχῆς.

λ ά μ π ω

7,5   Κ. ἅμα τῷ λάμψαι τ. ἥλιον ἐξέτεινε κ. ὁ φοῖνιξ τὰς αὐτοῦ
πτέρυγας.

9,8   τ. σελήνης... Κ. πῶς οὐ λάμπει κ. ἐν παντί, ἀλλ' ἐν τῇ
νυκτὶ μόνον ;

λ α ό ς

1,1   Οἲ νῦν ἐγώ, Βαρούχ, κλαίων... κ. ἔχων περὶ τ. λαοῦ

λ έ γ ω

1,1   Οἲ νῦν ἐγώ, Βαρούχ, κλαίων... λέγων · Κύριε

1,2   εἰς ἔθνη τοιαῦτα, ὅπως ὀνειδίζοντες λέγουσιν · Ποῦ
ἐστιν

1,3   Κ. ἰδοὺ ἐν τῷ κλαίειν με κ. λέγειν τοιαῦτα,
ὁρῶ ἄγγελον Κυρίου ἐλθόντα κ. λέγοντά μοι · Σύνες

1,3   ὅτι τάδε λέγει Κύριος ὁ θεὸς ὁ παντοκράτωρ.

1,6   Κ. ταῦτα εἰπών μοι, ἡσύχασα.
Κ. λέγει μοι ὁ ἄγγελος · Παῦσον

1,7   Κ. εἶπον ἐγὼ (om. B) Βαρούχ · Ζῇ Κύριος ὁ θεός

1,8   Κ. εἶπέν μοι ὁ ἄγγελος τ. δυνάμεων · Δεῦρο κ. ὑποδείξω

2,2 K. εἶπέν μοι · Εἰσέλθωμεν δι' αὐτῆς.

2,5 K. εἶπέν μοι ὁ ἄγγελος... · Ἡ θύρα αὕτη...

2,6 K. πάλιν λέγει μοι ὁ ἄγγελος τ. δυνάμεων · Δεῦρο κ. ὑποδείξω

2,7 Εἶπον δὲ ἐγώ · Δέομαί σου, δεῖξόν μοι

2,7 K. εἶπέν μοι · Οὗτοί εἰσιν

3,1 θύραν... K. εἶπεν · Εἰσέλθωμεν δι' αὐτῆς.

3,4 Δέομαί σου, Κύριε, εἰπέ μοι τίνες εἰσὶν οὗτοι ;

3,5 K. εἶπεν · Οὗτοί εἰσιν

3,7 ἔσπευδον τρυπῆσαι τ. οὐρανόν, λέγοντες · Ἴδωμεν

4,1 K. εἶπον ἐγὼ Βαρούχ · Ἰδού, Κύριε

4,2 K. εἶπέν μοι ἄγγελος · Δεῦρο διέλθωμεν.[...]

4,4 K. εἶπον · Τίς ἐστιν ὁ δράκων οὗτος ;

4,5 K. εἶπεν ὁ ἄγγελος · Ὁ μὲν δράκων

4,7 Ὁ Βαροὺχ εἶπεν · K. πῶς ;
K. εἶπεν ὁ ἄγγελος · Ἄκουσον

4,8 K. εἶπον ἐγώ · Δέομαί σου, δεῖξόν μοι

4,8 K. εἶπεν ὁ ἄγγελος · Ἡ ἄμπελός ἐστιν

4,9 K. εἶπον ἐγὼ Βαρούχ · ... πῶς ἄρτι

4,10 K. εἶπεν ὁ ἄγγελος · Ὀρθῶς ἐρωτᾷς

4,12 τὸ κλῆμα... K. ἐλθὼν ἐγὼ εἶπον αὐτῷ τὰ περὶ ἐκείνου.

4,13 K. εἶπεν · Ἆρα φυτεύσω αὐτὸ ἢ τί ;

4,13 Νῶε... K. ταῦτα λέγων προσηύξατο ὅπως ἀποκαλύψῃ

4,14 Νῶε... κ. κλαύσας εἶπεν · Κύριε, παρακαλῶ

4,15 †Ἀπέστειλε... τ. ἄγγελον... K. εἶπεν αὐτῷ · Ἀναστάς, Νῶε,†
†φύτευσον τὸ κλῆμα, ὅτι τάδε λέγει Κύριος†

5,1 K. εἶπον ἐγὼ Βαροὺχ πρὸς τ. ἄγγελον · Ἐπερωτῶ σε

5,2 ἐπειδὴ εἶπές μοι ὅτι πίνει ὁ δράκων

5,2 εἰπέ μοι κ. πόση ἐστὶν ἡ κοιλία αὐτοῦ ;

5,3 K. εἶπεν ὁ ἄγγελος · Ἡ κοιλία τούτου ;

6,3 K. εἶπον τ. ἄγγελον · Τί ἐστι τὸ ὄρνεον τοῦτο ;
K. λέγει μοι · Τοῦτό ἐστιν ὁ φύλαξ τ. οἰκουμένης.

6,4 K. εἶπον · Κύριε, πῶς ἐστὶν φύλαξ τ. οἰκουμένης ;

6,5 K. εἶπέν μοι ὁ ἄγγελος · Τοῦτο τὸ ὄρνεον

6,8 K. εἶπέν μοι ὁ ἄγγελος · Ἀνάγνωθι ταῦτα.
K. ἀνέγνων. Καὶ ἔλεγον οὕτως

6,9 K. εἶπον · Κύριε, τί ἐστι τὸ ὄρνεον τοῦτο

6,10 K. εἶπέν μοι ὁ ἄγγελος · Φοῖνιξ καλεῖται

6,11   *Κ. τί ἐσθίει ; Κ. εἶπέν μοι · Τὸ μάννα τ. οὐρανοῦ*

6,12   *Κ. εἶπον · Ἀφοδεύει τὸ ὄρνεον ;*

        Κ. εἶπέν μοι · Ἀφοδεύει σκώληκα

6,13   *Κ. εἶπέν μοι ὁ ἄγγελος · Ἄρτι ἀνοίγουσιν*

6,14   *Κ. ἦλθεν φωνὴ λέγουσα · Φωτόδοτα, δός*

6,15   *Κ. ἀκούσας... εἶπον · Κύριε, τί ἐστιν ὁ κτύπος οὗτος ;*

6,16   *Κ. εἶπεν · Τοῦτό ἐστι τὸ ἐξυπνίζον*

7,1   *Κ. εἶπον ἐγώ · Κ. ποῦ ἀποσχολεῖται ὁ ἥλιος*

7,2   *Κ. εἶπέν μοι ὁ ἄγγελος · Ἄκουσον, Βαρούχ*

7,6   *Κ. εἶπέν μοι ὁ ἄγγελος · Μὴ φοβοῦ, Βαρούχ*

8,3   *ἐγὼ εἶπον · Κύριε, διὰ τί ἦραν τ. στέφανον*

8,4   *Κ. εἶπέν μοι ὁ ἄγγελος · Ὁ στέφανος*

8,5   *Κ. εἶπον ἐγὼ Βαρούχ · Κύριε, κ. διὰ τί μολύνονται*

8,5   *Κ. εἶπέν μοι ὁ ἄγγελος · Θεωρῶν τ. ἀνομίας...*

9,2   *Κ. εἶπον ἐγὼ Βαρούχ · Κύριε, δεῖξόν μοι*

9,3   *Κ. εἶπεν ὁ ἄγγελος · Ἀνάμεινον, κ. ὄψει*

9,4   *Κ. εἶπον · Κύριε, τί εἰσιν οἱ βόες κ. οἱ ἀμνοί ;*

        Κ. εἶπέν μοι · Ἄγγελοί εἰσι κ. αὐτοί.

9,8   *Κ. εἶπον · Κ. πῶς οὐ λάμπει*

9,8   *Κ. εἶπεν ὁ ἄγγελος · Ἄκουσον*

10,5   *Κ. εἶπεν ὁ ἄγγελος · Ἄκουσον, Βαρούχ*

10,7   *Κ. εἶπον πάλιν τ. ἄγγελον Κυρίου · Τὰ δὲ ὄρνεα ;*

        κ. εἶπέν μοι · Αὐτά εἰσιν ἃ διαπαντὸς ἀνυμνοῦσι

10,8   *Κ. εἶπον ἐγὼ Βαρούχ · Κύριε,*

        Κ. πῶς λέγουσιν οἱ ἄνθρωποι ὅτι ἀπὸ τ. θαλάσσης ἐστὶ τὸ

          ὕδωρ

10,9   *Κ. εἶπεν ὁ ἄγγελος · Τὸ μὲν βρέχον ἀπὸ τ. θαλάσσης*

10,10   *ὅτι ἐκ τούτου ἐστὶν ὃ λέγεται δρόσος τ. οὐρανοῦ.*

11,2   *Κ. εἶπον · Κύριε, οὐκ ἀνοίγεται ὁ πυλών*

11,2   *Κ. εἶπέν μοι ὁ ἄγγελος · Οὐ δυνάμεθα εἰσελθεῖν*

11,3   *Κ. εἶπον · Κύριε, τί ἐστιν ἡ φωνὴ αὕτη ;*

11,4   *Κ. εἶπέν μοι · Ἄρτι κατέρχεται*

11,6   *ὁ ἄγγελος... κ. εἶπεν · Χαίροις, ὁ ἐμὸς ἀρχιστράτηγος*

11,7   *Κ. εἶπεν ὁ ἀρχιστράτηγος Μιχαὴλ · Χαίροις κ. σύ*

11,8   *Κ. εἶπον · Κύριε, τί ἐστιν ὃ κρατεῖ Μιχαήλ*

11,9   *Κ. εἶπέν μοι · Τοῦτό ἐστιν ἔνθα προσέρχονται*

12,3   *Κ. εἶπέν μοι · Οὗτοί εἰσιν ἄγγελοι*

12,5   *Κ. λέγει μοι ὁ ἄγγελος · Ταῦτα τὰ ἄνωθέν εἰσιν αἱ ἀρεταί*

12,7   *Κ. ἐβόησε Μιχαὴλ λέγων · Δεῦτε κ. ὑμεῖς, ἄγγελοι*

13,1 ἦλθον ἕτεροι ἄγγελοι... κ. ὀδυρόμενοι κ. μετὰ φόβου
λέγοντες · Ἴδε ἡμᾶς

13,2 Κ. εἶπεν Μιχαήλ · Οὐ δύνασθε ὑποχωρεῖν ὑπ᾽ αὐτῶν

13,2 ἀλλ᾽εἴπατέ μοι τί αἰτεῖσθε.

13,3 Κ. εἶπον · Δεόμεθά σου, Μιχαὴλ ὁ ἀρχιστράτηγος ἡμῶν

13,5 Κ. εἶπεν Μιχαὴλ τ. ἀγγέλους · Ἐκδέξασθε

14,2 Κ. εἶπέν μοι · Ἄρτι προσφέρει Μιχαήλ

15,2 Μιχαήλ, ... ἐπλήρωσεν αὐτὰ ἐλαίῳ λέγων · Ἀπενέγκατε

15,3 Μιχαήλ, ... Κ. λέγει κ. τ. ἀποκένους φέροντας τ.
κανίσκους · Δεῦτε κ. ὑμεῖς

15,4 Μιχαήλ, ... Εἶτα λέγει κ. τοῖς τὰ γέμοντα ἐνεγκοῦσι κ.
τοῖς τὰ ἀπόκενα

15,4 εὐλογήσατε τ. φίλους ἡμῶν, κ. εἴπατε αὐτοῖς
ὅτι τάδε λέγει Κύριος · Ἐπὶ ὀλίγῃ ἐστὲ πιστοί

16,1 Μιχαήλ, ... Κ. στραφεὶς λέγει κ. τοῖς μηδὲν ἐνεγκοῦσιν ·
Τάδε λέγει Κύριος · Μὴ ἔστε σκυθρωποί

λέντιον

3,5 Κ. τὸ τέκνον αὐτῆς ἐν τῷ λεντίῳ ἐβάσταζεν κ. ἐπλίνθευεν.

λήγω

9,5 τ. σελήνης... Κ. τί ἐστιν ὅτι ποτὲ μὲν αὔξει, ποτὲ δὲ
λήγει ;

λίμνη

10,2 Κ. εἶδον πεδίον ἁπλοῦν, κ. ἐν μέσῳ αὐτοῦ λίμνην ὑδάτων.

10,4 Τί ἐστι τὸ πεδίον, κ. τίς ἡ λίμνη, κ. τί τὸ... πλῆθος τ.
ὀρνέων ;

10,5 τὸ μὲν πεδίον ἐστὶ τὸ περιέχον τ. λίμνην

λογίζομαι

4,12 Νῶε... τὸ κλῆμα, κ. λαβὼν ἐλογίζετο ἐν ἑαυτῷ τί ἄρα ἐστίν.

λόγος

1,7 Κ. εἶπον ἐγὼ Βαρούχ... ἐὰν... κ. ἀκούσω παρά σου λόγον

5,1 Κ. εἶπον... · Ἐπερωτῶ σε ἕνα λόγον, Κύριε

16,4 ἀλλ᾽ἐγένοντο... κ. ὑβρισταὶ τ. ἱερέων τῶν τ. λόγους μου
κηρυττόντων αὐτοῖς.

17,1 Κ. ἅμα τῷ λόγῳ ἐκλείσθη ἡ θύρα

λοιπός
1,7 προσθήσει ὁ θεὸς... κρίσιν ἐμοί, ἐὰν λαλήσω τ. λοιποῦ.
8,4 Κ. λοιπὸν καθ' ἑκάστην ἡμέραν οὕτως ἀνακαινίζεται.
10,10 Ἴσθι οὖν τ. λοιποῦ ὅτι ἐκ τούτου... δρόσος

λυπέω
12,6 ἀγγέλους... Κ. ἤρχοντο λυπούμενοι, κ. οὐκ ἐτόλμησαν ἐγγίσαι
12,8 Κ. ἐλυπήθη Μικαὴλ σφόδρα, κ. ὁ μετ' ἐμοῦ ἄγγελος

μακράν
4,16 κ. οἱ νῦν ἄνθρωποι... κ. τῆς τ. θεοῦ δόξης μακρὰν γίνονται

μανθάνω
10,1 Κ. ταῦτα πάντα μαθὼν παρὰ τ. ἀρχαγγέλου, λαβὼν ἤγαγέν με
13,5 Ἐκδέξασθε ἕως οὗ μάθω παρὰ Κυρίου τὸ τί γένηται.

μάννα
6,11 ἐσθίει... Τὸ μάννα τ. οὐρανοῦ κ. τὴν δρόσον τ. γῆς.

μαντεία
8,5 θεωρῶν τ. ἀνομίας... ἤγουν... ψιθυρισμούς, μαντείας, κ. τὰ τούτων ὅμοια
13,4 κ. ὅπου... εἰδωλολατρισμός, μαντεία, κ. τὰ τούτοις ὅμοια, ἐκεῖ εἰσιν ἐργάται τ. τοιούτων

μάχαιρα
16,3 Κ. διχοτομήσατε αὐτοὺς ἐν μαχαίρᾳ κ. ἐν θανάτῳ

μέγας
4,1 Ἰδού, Κύριε, μεγάλα κ. θαυμαστὰ ἔδειξάς μοι
7,5 Ἐγὼ δὲ ἰδὼν... ἐταπεινώθην φόβῳ μεγάλῳ
10,3 Ἀλλ' ἴδον τ. γέρανον ὡς βόας μεγάλους.
Κ. πάντα μεγάλα ὑπερέχοντα τῶν ἐν κόσμῳ.
11,3 Κ. ἐγένετο φωνὴ μεγάλη ὡς βροντή.
11,8 Κ. ἴδον τ. ἀρχιστράτηγον Μιχαὴλ κρατοῦντα φιάλην μεγάλην σφόδρα

μ έ θ η

8,5   θεωρῶν τ. ἀνομίας... ἤγουν... εἰδωλολατρείας, μέθας, φόνους

13,4   κ. ὅπου... φθόνοι, μέθαι, ἔρεις... ἐκεῖ εἰσιν ἐργάται τ. τοιούτων

μ ε ί ζ ω ν

1,6   κ. ὑποδείξω σοι ἄλλα μυστήρια τούτων μείζονα.

2,6   Δεῦρο κ. ὑποδείξω σοι μείζονα μυστήρια.

5,3   Ἐλθὲ οὖν ὅπως δείξω σοι κ. μείζονα τούτων ἔργα.

μ ε λ α ν ό ω

13,1   Ἴδε ἡμᾶς μεμελανωμένους, Κύριε, ὅτι πονηροῖς ἀνθρώποις παρεδόθημεν

μ έ λ λ ω

4,15   †τὸ γένος τ. ἀνθρώπων... ἐν αὐτῷ μέλλουσιν τ. ἀνάκλησιν προσλαβεῖν†

μ έ λ ω

1,3   Σύνες... κ. μὴ τοσοῦτόν σε μέλη περὶ τ. σωτηρίας Ἱερουσαλήμ

μ έ ν

4,5   Ὁ μὲν δράκων ἐστὶν ὁ τὰ σώματα... ἐσθίων

9,5   Κ. τί ἐστιν ὅτι ποτὲ μὲν αὔξει, ποτὲ δὲ λήγει ;

10,5   τὸ μὲν πεδίον ἐστὶ τὸ περιέχον τ. λίμνην... Τὸ δὲ ὕδωρ

10,9   Τὸ μὲν βρέχον ἀπὸ τ. θαλάσσης... κ. τοῦτό ἐστιν · τὸ δὲ τὸ... ἐνεργοῦν

μ έ ν ω

6,12   Μεῖνον δέ, κ. ὄψει δόξαν θεοῦ.

μ έ σ ο ς

10,2   Κ. εἶδον πεδίον ἁπλοῦν, κ. ἐν μέσῳ αὐτοῦ λίμνην ὑδάτων.

13,4   Ἀλλ' ὅπου φόνος, κ. αὐτοὶ ἐν μέσῳ ἐκεῖ

μ ε τ ά (cf. Reg.)

μεταβάλλω

    4,15 †λέγει Κύριος · Τὸ πικρὸν τούτου μεταβληθήσεται εἰς
          γλυκύ†

μετατίθημι

    13,3 Δεόμεθά σου, Μιχαήλ, ... μεταθὲς ἡμᾶς ἀπ' αὐτῶν

μετέρχομαι

    4,5 'Ο μὲν δράκων ἐστὶν ὁ τὰ σώματα τῶν κακῶς τ. βίον
          μετερχομένων ἐσθίων

μέτρον

    6,7 γράμματα παμμεγέθη ὡς ἅλωνος τόπον ἔχων μέτρον
          ὡσεὶ μοδίων τετρακισχιλίων

μή (cf. Reg.)

μηδέ (cf. Reg.)

μηδέν

    16,1 Κ. στραφεὶς λέγει κ. τοῖς μηδὲν ἐνεγκοῦσιν · Τάδε λέγει
          Κύριος

μῆκος

    2,5 κ. ὅσον πάλιν ἐστὶ κ. τὸ πεδίου μῆκος οὗ εἶδας.

μηνύω

    6,16 οὕτως κ. ὁ ἀλέκτωρ (οὕτως... om. Β.) μηνύει τοῖς ἐν
          τῷ κόσμῳ κατὰ τ. ἰδίαν λαλιάν.

μικρός

    7,3 ὁρῶ τὸ ὄρνεον... κ. πρὸς μικρὸν μικρὸν ηὔξανε, κ. ἀνεπλη-
          ροῦτο.

μισθός

    15,2 δότε ἑκατονταπλασίονα τ. μισθὸν τ. φίλοις ἡμῶν
    15,3 ἀπολάβετε τ. μισθὸν καθὼς ἠνέγκατε

Μιχαήλ

    11,2 Οὐ δυνάμεθα εἰσελθεῖν ἕως ἔλθῃ Μιχαὴλ ὁ κλειδοῦχος τ.
          βασιλείας τ. οὐρανῶν.

11,4   "Αρτι κατέρχεται ὁ ἀρχιστράτηγος Μιχαὴλ ἵνα δέξηται τ. δεήσεις τ. ἀνθρώπων.

11,6   Κ. ἦλθεν Μιχαήλ, κ. συνήντησεν αὐτῷ ὁ ἄγγελος

11,7   Κ. εἶπεν ὁ ἀρχιστράτηγος Μιχαὴλ · Χαίροις κ. σύ

11,8   Κ. ἴδον τ. ἀρχιστράτηγον Μιχαὴλ κρατοῦντα φιάλην μεγάλην σφόδρα

11,8   τί ἐστιν ὃ κρατεῖ Μιχαὴλ ὁ ἀρχάγγελος ;

12,1   ἄγγελοι... κανίσκια... κ. ἔδωκαν αὐτὰ πρὸς τὸν Μιχαήλ.

12,7   Κ. ἐβόησε Μιχαὴλ λέγων · Δεῦτε κ. ὑμεῖς

12,8   Κ. ἐλυπήθη Μιχαὴλ σφόδρα, κ. ὁ μετ᾽ ἐμοῦ ἄγγελος

13,2   Κ. εἶπεν Μιχαὴλ · Οὐ δύνασθε ὑποχωρεῖν ὑπ᾽ αὐτῶν

13,3   Δεόμεθά σου, Μιχαήλ, ὁ ἀρχιστράτηγος ἡμῶν

13,5   Κ. εἶπεν Μιχαὴλ τ. ἀγγέλους · ᾿Εκδέξασθε

14,1   Κ. αὐτῇ τῇ ὥρᾳ ἀπῆλθεν ὁ Μιχαήλ

14,2   "Αρτι προσφέρει Μιχαὴλ τὰς τ. ἀνθρώπων ἀρετὰς τῷ θεῷ.

15,1   Κ. αὐτῇ τῇ ὥρᾳ κατῆλθεν ὁ Μιχαήλ

μ ό δ ι ο ς
6,7   γράμματα παμμεγέθη ὡς ἅλωνος τόπον ἔχων μέτρον ὡσεὶ μοδίων τετρακισχιλίων

μ ο ι χ ε ί α
4,17   πάντα γίνονται οἷον φόνοι, μοιχεῖαι, πορνεῖαι

8,5   θεωρῶν τ. ἀνομίας... ἤγουν πορνείας, μοιχείας, κλοπάς

13,4   κ. ὅπου πορνεῖαι, μοιχεῖαι, κλεψίαι, ... ἐκεῖ εἰσιν ἐργάται τ. τοιούτων

μ ό λ ι β δ ο ς
5,3   Κ. ὅσον ἀνδρῶν τριακοσίων μόλιβδος ἀκοντίζεται, τοσαύτη ἐστὶν ἡ κοιλία αὐτοῦ.

μ ο λ ύ ν ω
8,4   ῾Ο στέφανος τ. ἡλίου... ἀνακαινίζουσιν αὐτόν, διὰ τὸ μεμολύνθαι αὐτὸν κ. τ. ἀκτῖνας αὐτοῦ ἐπὶ τ. γῆς.

8,5   ῾Ο στέφανος... κ. διὰ τί μολύνονται αἱ ἀκτῖνες αὐτοῦ ἐπὶ τ. γῆς ;

8,5   ῾Ο στέφανος... διὰ ταῦτα μολύνεται κ. διὰ τοῦτο ἀνακαινίζεται.

μ ό ν ο ν

   9,8   τ. σελήνης... Κ. πῶς οὐ λάμπει... ἀλλ᾽ ἐν τῇ νυκτὶ μόνον ;

μ υ σ τ ή ρ ι ο ν

   1,6   κ. ὑποδείξω σοι ἄλλα μυστήρια τούτων μείζονα.

   1,8   Δεῦρο κ. ὑποδείξω σοι τὰ μυστήρια τ. θεοῦ.

   2,6   Δεῦρο κ. ὑποδείξω σοι μείζονα μυστήρια.

Ν α β ο υ χ ο δ ο ν ό σ ω ρ

   1,1   κ. ὅπως συνεχωρήθη Ναβουχοδονόσωρ ὁ βασιλεὺς ὑπὸ
        θεοῦ πορθῆσαι τ. πόλιν αὐτοῦ

ν έ φ ο ς

   10,6   Τὸ δὲ ὕδωρ ἐστὶν ὅπερ τὰ νέφη λαμβάνοντα βρέχουσιν
        ἐπὶ τ. γῆς

ν ό τ ο ς

   11,8   φιάλην... κ. τὸ πλάτος ὅσον ἀπὸ βορρᾶ ἕως νότου.

ν ῦ ν

   1,1   Οἲ νῦν ἐγώ, Βαρούχ, κλαίων

   4,1   κ. νῦν δεῖξόν μοι πάντα διὰ τ. Κύριον.

   4,16   οὕτως κ. οἱ νῦν ἄνθρωποι... χεῖρον τοῦ ᾽Αδὰμ τ. παρά-
        βασιν ἀπεργάζονται

   17,4   δοξάσατε... τ. θεόν, ὅπως κ. αὐτὸς δοξάσῃ ἡμᾶς νῦν κ.
        ἀεί

ν ύ ξ

   9,1   κ. ἡ νὺξ κατέλαβεν κ. ἅμα ταύτῃ μετὰ κ. τ. σελήνης κ.
        μετὰ τ. ἀστέρων.

   9,8   τ. σελήνης... Κ. πῶς οὐ λάμπει... ἀλλ᾽ ἐν τῇ νυκτὶ μόνον ;

Ν ῶ ε

   4,11   Κ. ὅταν... κ. ἐξῆλθε Νῶε τῆς κιβωτοῦ

   4,15   †᾽Αναστάς, Νῶε, φύτευσον τὸ κλῆμα†

ξ έ ν ο ς

   2,1   ποταμὸς ὃν οὐδεὶς δύναται περᾶσαι αὐτόν, οὐδὲ ξένη
        πνοὴ ἐκ πασῶν ὧν ἔθετο ὁ θεός.

ξ ύ λ ο ν

4,8   δεῖξόν μοι τί τὸ ξύλον τὸ πλανῆσαν τὸν Ἀδάμ ;

4,16 ὥσπερ ὁ Ἀδὰμ δι' αὐτοῦ τ. ξύλου τ. καταδίκην ἔλαβεν

ὁ (cf. Reg.)

ὀ γ δ ο ή κ ο ν τ α

4,2   [...] ... ὡσεὶ πορείας ἡμερῶν ἑκατὸν ὀγδοήκοντα πέντε.

ὅ δ ε (cf. Reg.)

ὁ δ ε ύ ω

2,4   τί ἐστιν τὸ πάχος τ. οὐρανοῦ ἐν ᾧ ὡδεύσαμεν

ὁ δ ό ς

2,2   Κ. εἰσήλθομεν ὡς ἐν πτέρυξιν ὡσεὶ πορείας ὁδοῦ ἡμερῶν
      τριάκοντα.

3,2   Κ. εἰσήλθομεν ἀναπτερωμένοι ὡσεὶ πορείας ὁδοῦ ἡμερῶν
      ἑξήκοντα.

ὀ δ ύ ρ ο μ α ι

13,1 ἦλθον ἕτεροι ἄγγελοι κλαίοντες κ. ὀδυρόμενοι κ. μετὰ
      φόβου λέγοντες

ο ἴ

1,1   Οἲ νῦν ἐγώ, Βαρούχ, κλαίων ἐν τῇ συνέσει μου

ο ἶ δ α

10,10 Ἴσθι οὖν τ. λοιποῦ ὅτι ἐκ τούτου... δρόσος

ο ἰ κ έ τ η ς

9,8   ὥσπερ ἐνώπιον βασιλέως οὐ δύνανται οἰκέται παρρη-
      σιασθῆναι

ο ἰ κ ο δ ο μ έ ω

2,7   Οὗτοί εἰσιν οἱ τ. πύργον τ. θεομαχίας οἰκοδομήσαντες

3,6   ὁ Κύριος ἐνήλλαξεν αὐτῶν τ. γλώσσας, ἀφ' οὗ τ. πύργον
      ᾠκοδόμησαν

οἰκουμένη

>   6,3   Κ. λέγει μοι · Τοῦτό ἐστιν ὁ φύλαξ τ. οἰκουμένης.
>   6,4   τὸ ὄρνεον... πῶς ἐστὶν φύλαξ τ. οἰκουμένης ;

οἶνος

>   4,16 οὕτως κ. οἱ νῦν ἄνθρωποι τὸν ἐξ αὐτοῦ γεννώμενον οἶνον
>   ἀπλήστως δρῶντες
>   4,17 ἀλλὰ διὰ τ. πτώσεως τ. οἴνου πάντα γίνονται οἷον φόνοι...

οἷος (cf. Reg.)

ὀλίγος

>   9,3   'Ανάμεινον, κ. ὄψει κ. ταύτην ὡς μετ' ὀλίγον
>   15,4 'Επὶ ὀλίγῃ ἐστὲ πιστοί, ἐπὶ πολλῶν ὑμᾶς καταστήσει

ὁλοήμερος

>   8,6   διὰ τὸ κατέχειν τὰς τ. ἡλίου ἀκτῖνας, διὰ τ. πυρὸς κ. τ.
>   ὁλοημέρου καύσεως

ὁμιλέω

>   6,13 Κ. ἐν τῷ ὁμιλεῖν αὐτὸν ἐγένετο βροντή
>   7,3   Κ. ἐν τῷ ὁμιλεῖν με αὐτῷ, ὁρῶ τὸ ὄρνεον
>   10,5 οὗπερ ἔρχονται αἱ ψυχαὶ τ. δικαίων ὅταν ὁμιλῶσι συνδιά-
>   γοντες χοροὶ χοροί.
>   12,1 Κ. ἐν τῷ ὁμιλεῖν με αὐτοῖς, ἦλθον ἄγγελοι

ὅμοιος (cf. Reg.)

ὁμοίως (cf. Reg.)

ὀνειδίζω

>   1,2   παρέδωκας ἡμᾶς εἰς ἔθνη τοιαῦτα, ὅπως ὀνειδίζοντες
>   λέγουσιν · Ποῦ ἐστιν ὁ θεὸς αὐτῶν ;

ὄνομα

>   2,5   Κ. εἶπέν μοι ὁ ἄγγελος, οὗ τὸ ὄνομα αὐτοῦ Φαμαήλ
>   6,9   τί ἐστι τὸ ὄρνεον τοῦτο, κ. τί τὸ ὄνομα αὐτοῦ :
>   6,10 Φοῖνιξ καλεῖται τὸ ὄνομα αὐτοῦ.

ὄπισθεν (cf. Reg.)

ὅπου (cf. Reg.)

ὅπως (cf. Reg.)

ὅρασις
    4,3   Κ. ἔδειξέν μοι πεδίον, κ. ὄφιν ὡς ὁράσεως πέτρας.

ὁράω
   Tit. 1 Διήγησις κ. ἀποκάλυψις Βαρούχ περὶ ὧν κελεύματι θεοῦ
          ἀρρήτων εἶδεν.
    1,3   Κ. ἰδού... ὁρῶ ἄγγελον Κυρίου ἐλθόντα κ. λέγοντά μοι
    2,5   Ἡ θύρα αὕτη ἣν ὁρᾷς ἐστιν τ. οὐρανοῦ
    2,5   κ. ὅσον πάλιν ἐστὶ κ. τὸ τ. πεδίου μῆκος οὗ εἶδας.
    3,5   Αὐτοὶ γὰρ οὓς ὁρᾷς ἐξέβαλλον πλήθη ἀνδρῶν τε κ.
          γυναικῶν
    3,6   Κ. ὀφθεὶς αὐτοῖς ὁ Κύριος ἐνήλλαξεν αὐτῶν τ. γλώσσας
    3,7   Ἴδωμεν ὀστράκινός ἐστιν ὁ οὐρανὸς ἢ χαλκοῦς ἢ σιδηροῦς.
    3,8   Ταῦτα ἰδὼν ὁ θεὸς οὐ συνεχώρησεν αὐτούς,
          ἀλλ' ἐπάταξεν... κ. κατέστησεν αὐτοὺς ὡς ὁρᾷς.
    6,7   κ. εἶδον εἰς τὸ δεξιὸν πτερὸν αὐτοῦ γράμματα παμμεγέθη
   6,12 Μεῖνον δέ, κ. ὄψει δόξαν θεοῦ.
    7,2   Ἀλλ' ἔκδεξαι κ. ὄψει δόξαν θεοῦ.
    7,3   Κ. ἐν τῷ ὁμιλεῖν με αὐτῷ, ὁρῶ τὸ ὄρνεον κ. ἀνεφάνη
          ἔμπροσθεν
    7,4   Κ. στέφανον... οὗ τ. θέαν οὐκ ἠδυνήθημεν ἀντοφθαλμῆσαι
          κ. ἰδεῖν.
    7,5   Ἐγὼ δὲ ἰδὼν τ. τοιαύτην δόξαν ἐταπεινώθην φόβῳ
    7,6   Μὴ φοβοῦ, Βαρούχ, ἀλλ' ἔκδεξαι, κ. ὄψει κ. τ. δύσιν
          αὐτῶν.
    8,1   ὁρῶ πάλιν ἔμπροσθεν τὸ ὄρνεον ἐρχόμενον κ. τ. ἥλιον
    8,1   τ. ἥλιον... Κ. ἅμα τῷ ἐλθεῖν αὐτόν, ὁρῶ τ. ἀγγέλους
    8,3   Κ. ταῦτα ἰδὼν ἐγὼ εἶπον · Κύριε, διὰ τί ἦραν τ. στέφανον
    9,3   Ἀνάμεινον, κ. ὄψει κ. ταύτην ὡς μετ' ὀλίγον.
          Κ. τῇ ἐπαύριον ὁρῶ κ. ταύτην ἐν σχήματι γυναικός
   10,2 Κ. εἶδον πεδίον ἁπλοῦν, κ. ἐν μέσῳ αὐτοῦ λίμνην ὑδάτων.
   10,3 Ἀλλ' ἴδον τ. γέρανον ὡς βόας μεγάλους.
   11,2 Ἀλλ' ἀνάμεινον κ. ὄψει τ. δόξαν τ. θεοῦ.

11,8   Κ. ἴδον (sic, A ἰδὼν) τ. ἀρχιστράτηγον Μιχαὴλ κρατοῦντα
        φιάλην μεγάλην σφόδρα

12,6   Κ. εἶδον ἑτέρους ἀγγέλους φέροντας κανίσκια κενὰ οὐ
        γέμοντα.

13,1   Ἴδε ἡμᾶς μεμελανωμένους, Κύριε, ὅτι πονηροῖς ἀνθρώποις
        παρεδόθημεν

13,4   Οὐ γὰρ εἴδομεν αὐτοὺς εἰσελθεῖν ἐν ἐκκλησίᾳ ποτέ

ὀ ρ γ ή

4,13   τὸ κλῆμα... Ἆρα φυτεύσω... μὴ κ. αὐτὸς ὀργῆς θεοῦ
        ἐπιτύχω δι' αὐτοῦ.

16,3   Ἔτι σὺν τούτοις ἐξαποστείλατε... χάλαζαν μετ' ἀστραπῶν
        κ. ὀργῆς.

ὀ ρ γ ί ζ ο μ α ι

4,8   Ἡ ἄμπελός ἐστιν, ἣν ἐφύτευσεν... ὅτι ἡ ὠργίσθη Κύριος
        ὁ θεός

9,7   τ. σελήνης... Κ. ὠργίσθη αὐτῇ ὁ θεός, κ. ἔθλιψεν αὐτήν

ὀ ρ θ ῶ ς

4,10   Κ. εἶπεν ὁ ἄγγελος · Ὀρθῶς ἐρωτᾷς

ὄ ρ ν ε ο ν

6,2   Κ. ἰδοὺ ὄρνεον περιτρέχον ἔμπροσθεν τ. ἡλίου, ὡς ὄρη
        ἐννέα.

6,3   Κ. εἶπον τ. ἄγγελον · Τί ἐστι τὸ ὄρνεον τοῦτο ;

6,5   Τοῦτο τὸ ὄρνεον παρατρέχει τῷ ἡλίῳ

6,6   ἀλλὰ προσέταξεν ὁ θεὸς τοῦτο τὸ ὄρνεον.

6,9   τί ἐστι τὸ ὄρνεον τοῦτο, κ. τί τὸ ὄνομα αὐτοῦ ;

6,12   Κ. εἶπον · Ἀφοδεύει τὸ ὄρνεον ;

6,15   Κ. ἀκούσας τ. κτύπον τ. ὀρνέου, εἶπον

7,3   Κ. ἐν τῷ ὁμιλεῖν με αὐτῷ, ὁρῶ τὸ ὄρνεον

8,1   ὁρῶ πάλιν ἔμπροσθεν τὸ ὄρνεον ἐρχόμενον κ. τ. ἥλιον...
        ἐρχόμενον.

8,2   Τὸ δὲ ὄρνεον ἔστη τεταπεινωμένον κ. συστέλλον τ. πτέρυγας
        αὐτοῦ.

8,3   κ. διὰ τί ἐστι τὸ ὄρνεον τοσοῦτον τεταπεινωμένον ;

8,6   Περὶ δὲ τ. ὀρνέου, τὸ πῶς ἐταπεινώθη

10,3   Κ. ἦσαν ἐν αὐτῷ πλήθη ὀρνέων ἐκ πασῶν γενεῶν

10,4   *Τί ἐστι τὸ πεδίον, κ. τίς ἡ λίμνη, κ. τί τὸ περὶ αὐτὴν*
          πλῆθος τ. ὀρνέων ;

10,7   *Κ. εἶπον πάλιν τ. ἄγγελον Κυρίου · Τὰ δὲ ὄρνεα ;*

ὄρος
     6,2   *Κ. ἰδοὺ ὄρνεον περιτρέχον ἔμπροσθεν τ. ἡλίου, ὡς ὄρη*
            ἐννέα.

ὅ ς   (cf. Reg.)

ὅ σ ο ς   (cf. Reg.)

ὅ σ π ε ρ   (cf. Reg.)

ὅ σ τ ι ς   (cf. Reg.)

ὀ σ τ ρ ά κ ι ν ο ς
     3,7   *Ἴδωμεν ὀστράκινός ἐστιν ὁ οὐρανὸς ἢ χαλκοῦς ἢ σιδηροῦς.*

ὀ σ φ ύ ς
     2,3   *Κ. ἦσαν ἄνθρωποι... ὧν... οἱ δὲ πόδες αἰγῶν, αἱ δὲ ὀσφύες*
            ἀρνῶν.

ὅ τ α ν   (cf. Reg.)

ὅ τ ε   (cf. Reg.)

ὅ τ ι   (cf. Reg.)

ο ὐ   (cf. Reg.)

ο ὐ δ έ   (cf. Reg.)

ο ὐ δ ε ί ς ,   ο ὐ δ έ ν
     2,1   *κ. ὅπου ἦν ποταμὸς ὃν οὐδεὶς δύναται περᾶσαι αὐτόν*
     4,17   *κ. τὰ τούτων ὅμοια. Κ. οὐδὲν ἀγαθὸν δι᾽ αὐτοῦ κατορθοῦται.*
     13,3   *ὅτι οὐκ ἔστιν ἐν αὐτοῖς οὐδὲν ἀγαθόν*

ο ὖ ν   (cf. Reg.)

ο ὗ π ε ρ   (cf. Reg.)

ο ὐ ρ α ν ό ς

2,1   Κ. λαβών με ἤγαγέν με ὅπου ἐστήρικται ὁ οὐρανός

2,2   Κ. λαβών με ἤγαγέν με ἐπὶ τ. πρῶτον οὐρανόν

2,3   Κ. ὑπέδειξέν μοι ἔνδον τ. οὐρανοῦ πεδίον.

2,4   τί ἐστιν τὸ πάχος τ. οὐρανοῦ ἐν ᾧ ὡδεύσαμεν

2,5   Ἡ θύρα αὕτη ἣν ὁρᾷς ἐστιν τ. οὐρανοῦ,
      κ. ὅσον διαφέρει ἀπὸ τ. γῆς ἕως τ. οὐρανοῦ, τοσοῦτόν
      ἐστιν κ. τὸ πάχος αὐτοῦ

3,1   Κ. λαβών με ὁ ἄγγελος Κυρίου ἤγαγέν με εἰς δεύτερον
      οὐρανόν.

3,7   Κ. λαβόντες τρύπανον ἔσπευδον τρυπῆσαι τ. οὐρανόν,
      λέγοντες ·
      Ἴδωμεν ὀστράκινός ἐστιν ὁ οὐρανὸς ἢ χαλκοῦς ἢ σιδηροῦς.

6,8   τὸ ὄρνεον... Οὔτε γῆ με τίκτει οὔτε οὐρανός

6,11 τὸ ὄρνεον... ἐσθίει... Τὸ μάννα τ. οὐρανοῦ κ. τὴν δρόσον
      τ. γῆς.

6,13 Ἄρτι ἀνοίγουσιν οἱ ἄγγελοι τὰς τριακοσίας ἑξήκοντα
      πέντε πύλας τ. οὐρανοῦ

7,2   πάντα ὅσα ἔδειξά σοι ἐν τῷ πρώτῳ κ. δευτέρῳ οὐρανῷ
      εἰσιν
      κ. ἐν τῷ τρίτῳ οὐρανῷ διέρχεται ὁ ἥλιος

8,4   Ὁ στέφανος... τέσσαρες ἄγγελοι... ἀναφέρουσιν εἰς τ.
      οὐρανόν

10,1 λαβὼν ἤγαγέν με εἰς τρίτον οὐρανόν.

10,10 ὅτι ἐκ τούτου ἐστὶν ὃ λέγεται δρόσος τ. οὐρανοῦ.

11,1 λαβών με ὁ ἄγγελος ἤγαγέν με εἰς πέμπτον οὐρανόν.

11,2 ἕως ἔλθῃ Μιχαὴλ ὁ κλειδοῦχος τ. βασιλείας τ. οὐρανῶν.

11,8 φιάλην... τὸ βάθος αὐτῆς ὅσον ἀπὸ οὐρανοῦ ἕως τ. γῆς

ο ὖ ς

1,5   Ἡ γὰρ δέησίς σου... κ. εἰσῆλθεν εἰς τὰ ὦτα Κυρίου τ. θεοῦ.

ο ὔ τ ε   (cf. Reg.)

ο ὗ τ ο ς   (cf. Reg.)

ο ὕ τ ω ς   (cf. Reg.)

ὄ φ ι ς
    4,3   Κ. ἔδειξέν μοι πεδίον, κ. ὄφιν ὡς ὁράσεως πέτρας.
    9,7   παρῆψε τῷ Σαμαὴλ ὅτε τὸν ὄφιν ἔλαβεν ἔνδυμα

π α ι δ ε ί α
    1,2   κ. ἵνα τί, Κύριε, οὐκ ἀπέδωκας ἡμᾶς ἐν ἄλλῃ παιδείᾳ

π ά λ ι ν
    2,5   κ. ὅσον διαφέρει... κ. ὅσον πάλιν ἐστὶ κ. τὸ τ. πεδίου μῆκος
    2,6   Κ. πάλιν λέγει μοι ὁ ἄγγελος... Δεῦρο κ. ὑποδείξω
    4,15 ✝πάλιν διὰ Ἰησοῦ Χριστοῦ... ἐν αὐτῷ μέλλουσιν τ. ἀνά-
           κλησιν προσλαβεῖν✝
    8,1   ὁρῶ πάλιν ἔμπροσθεν τὸ ὄρνεον ἐρχόμενον
    9,5   Κ. πάλιν ἠρώτησα · Κ. τί ἐστιν
    10,7 Κ. εἶπον πάλιν τ. ἄγγελον Κυρίου · Τὰ δὲ ὄρνεα ;

π α μ μ ε γ έ θ η ς
    2,2   κ. ἔδειξέ μοι θύραν πανμεγέθη.
    6,7   κ. εἶδον εἰς τὸ δεξιὸν πτερὸν αὐτοῦ γράμματα παμμεγέθη
           ὡς ἅλωνος τόπον

π α ν μ ε γ έ θ η ς cf. π α μ μ ε γ έ θ η ς

π α ν τ ε λ ή ς
    4,10 τὸ δὲ κλῆμα τῆς ἀμπέλου ἐξώρισεν εἰς τὸ παντελὲς κ.
           ἐξέβαλεν ἔξω.

π α ν τ ο κ ρ ά τ ω ρ
    1,3   ὅτι τάδε λέγει Κύριος ὁ θεὸς ὁ παντοκράτωρ.

π α ρ ά (cf. Reg.)

π α ρ ά β α σ ι ς
    4,16 οὕτως κ. οἱ νῦν ἄνθρωποι... χεῖρον τοῦ Ἀδὰμ τ. παρά-
           βασιν ἀπεργάζονται
    9,7   Κ. ἐν τῇ παραβάσει τ. πρώτου Ἀδὰμ παρῆψε τῷ Σαμαὴλ

π α ρ ά δ ε ι σ ο ς
    4,10 εἰσῆλθε τὸ ὕδωρ εἰς τ. παράδεισον, κ. ᾖρεν πᾶν ἄνθος

4,15 †τὸ γένος τ. ἀνθρώπων... τ. ἀνάκλησιν προσλαβεῖν, κ. τὴν εἰς παράδεισον εἴσοδον.†

π α ρ α δ ί δ ω μ ι

    1,2   κ. ἵνα τί, Κύριε, ... ἀλλὰ παρέδωκας ἡμᾶς εἰς ἔθνη τοιαῦτα

   13,1   ὅτι πονηροῖς ἀνθρώποις παρεδόθημεν κ. θέλομεν ὑποχωρῆσαι ὑπ' αὐτῶν.

π α ρ α ζ η λ ό ω

   16,2   πορευθέντες, παραζηλώσατε αὐτοὺς κ. παροργίσατε

π α ρ α κ α λ έ ω

   4,14   Κύριε, παρακαλῶ ὅπως ἀποκαλύψῃς μοι τί ποιήσω

   9,2   Κύριε, δεῖξόν με κ. ταύτην, παρακαλῶ · πῶς ἐξέρχεται ;

π α ρ α π ι κ ρ α ί ν ω

   16,2   κ. παροργίσατε, κ. παραπικράνατε ἐπ' οὐκ ἔθνει, ἐπὶ ἔθνει ἀσυνέτῳ.

π α ρ ά π τ ω

   9,7   τ. σελήνης... Κ. ἐν τῇ παραβάσει τ. πρώτου Ἀδὰμ παρῆψε τῷ Σαμαὴλ

π α ρ α τ ρ έ χ ω

   6,5   Τοῦτο τὸ ὄρνεον παρατρέχει τῷ ἡλίῳ, κ. ... δέχεται τ. ... ἀκτῖνας

π α ρ α υ ξ ά ν ω

   9,7   τ. σελήνης... οὐκ ἀπεκρύβη ἀλλὰ παρηύξησε. Κ. ὠργίσθη αὐτῇ ὁ θεός

π α ρ ό μ ο ι ο ς   (cf. Reg.)

π α ρ ο ξ ύ ν ω

   1,6   Παῦσον τ. θεὸν παροξύνειν, κ. ὑποδείξω σοι

π α ρ ο ρ γ ί ζ ω

   16,2   Ἀλλ' ἐπειδὴ παρώργισάν με ἐν τ. ἔργοις αὐτῶν, πορευθέντες παραζηλώσατε αὐτοὺς κ. παροργίσατε, κ. παραπικράνατε ἐπ' οὐκ ἔθνει, ἐπὶ ἔθνει ἀσυνέτῳ.

παρρησιάζομαι
    9,8   ὥσπερ ἐνώπιον βασιλέως οὐ δύνανται οἰκέται παρρησιασ-
           θῆναι

πᾶς (cf. Reg.)

πατάσσω
    3,8   ὁ θεὸς... ἀλλ'ἐπάταξεν αὐτοὺς ἐν ἀορασίᾳ κ. ἐν γλωσ-
           σαλλαγῇ

πατήρ
    4,17 οὔτε ἀδελφὸς ἀδελφὸν ἐλεεῖ, οὔτε πατὴρ υἱόν
    13,4 Οὐ γὰρ εἴδομεν αὐτοὺς εἰσελθεῖν ἐν ἐκκλησίᾳ ποτέ, οὐδὲ εἰς
           πνευματικοὺς πατέρας, οὐδὲ εἰς ἀγαθὸν ἕν.

παύω
    1,6   Παῦσον τ. θεὸν παροξύνειν, κ. ὑποδείξω σοι

πάχος
    2,4   τί ἐστιν τὸ πάχος τ. οὐρανοῦ ἐν ᾧ ὡδεύσαμεν
    2,5   τ. οὐρανοῦ, κ. ὅσον διαφέρει... τοσοῦτόν ἐστιν κ. τὸ πάχος
           αὐτοῦ

πεδίον
    2,3   Κ. ὑπέδειξέν μοι ἔνδον τ. οὐρανοῦ πεδίον
    2,4   τί ἐστιν τὸ πάχος τ. οὐρανοῦ..., ἢ τί τὸ πεδίον ;
    2,5   κ. ὅσον διαφέρει... κ. ὅσον πάλιν ἐστὶ κ. τὸ τ. πεδίου
           μῆκος οὗ εἶδας.
    3,3   εἰσήλθομεν... Κ. ἔδειξέν μοι κἀκεῖ πεδίον
    4,3   Κ. ἔδειξέν μοι πεδίον, κ. ὄφιν ὡς ὁράσεως πέτρας.
    10,2 Κ. εἶδον πεδίον ἁπλοῦν, κ. ἐν μέσῳ αὐτοῦ λίμνην ὑδάτων.
    10,4 Τί ἐστι τὸ πεδίον, κ. τίς ἡ λίμνη, κ. τί τὸ... πλῆθος τ.
           ὀρνέων ;
    10,5 τὸ μὲν πεδίον ἐστὶ τὸ περιέχον τ. λίμνην κ. ἄλλα θαυμαστὰ
           ἐν αὐτῷ

* πεθρα, cf. πέτρα

πέμπτος
    11,1 ὁ ἄγγελος ἤγαγέν με εἰς πέμπτον οὐρανόν.

π έ ν τ ε

    4,2   *[...]* ... ὡσεὶ πορείας ἡμερῶν ἑκατὸν ὀγδοήκοντα πέντε.

    6,13 "Αρτι ἀνοίγουσιν οἱ ἄγγελοι τ. τριακοσίας ἑξήκοντα πέντε
          πύλας τ. οὐρανοῦ

π ε ρ ά ω

    2,1   κ. ὅπου ἦν ποταμὸς ὃν οὐδεὶς δύναται περᾶσαι αὐτόν

π ε ρ ί   (cf. Reg.)

π ε ρ ι έ χ ω

    10,5 τὸ μὲν πεδίον ἐστὶ τὸ περιέχον τ. λίμνην κ. ἄλλα θαυμαστὰ
          ἐν αὐτῷ

π ε ρ ι π α τ έ ω

    9,2   τ. σελήνης... δεῖξόν μοι... κ. ποῦ ἀπέρχεται ; κ. ἐν ποίῳ
          σχήματι περιπατεῖ ;

π ε ρ ι σ κ έ π ω

    8,7   Εἰ μὴ γὰρ αἱ τούτου πτέρυγες... περιέσκεπον τὰς τ. ἡλίου
          ἀκτῖνας οὐκ ἂν ἐσώθη πᾶσα πνοή.

π ε ρ ι τ ρ έ χ ω

    6,2   Κ. ἰδοὺ ὄρνεον περιτρέχον ἔμπροσθεν τ. ἡλίου, ὡς ὄρη
          ἐννέα.

π έ τ ρ α

    4,3   Κ. ἔδειξέν μοι πεδίον, κ. ὄφιν ὡς ὁράσεως πέτρας *(mss*
          πεθρας).

π ῆ χ υ ς

    3,6   τ. πύργον ᾠκοδόμησαν ἐπὶ πήχεις τετρακοσίας ἑξήκοντα
          τρεῖς.

    4,6   ὁ "Αδης... ἐν ᾧ κ. πίνει ἀπὸ τ. θαλάσσης ὡσεὶ πῆχυν μίαν

    4,10 κ. ἀνῆλθεν τὸ ὕδωρ ἐπάνω τ. ὑψηλῶν ἐπὶ πήχεις δεκάπεντε

    5,2   ὅτι πίνει ὁ δράκων ἐκ τ. θαλάσσης πῆχυν μίαν

π ι κ ρ ό ς

    4,15 †λέγει Κύριος · Τὸ πικρὸν τούτου μεταβληθήσεται εἰς
          γλυκύ†

π ί ν ω

4,6 κ. οὗτός ἐστιν ὁ Ἅδης... ἐν ᾧ κ. πίνει ἀπὸ τ. θαλάσσης
ὡσεὶ πῆχυν μίαν
4,17 Ταῦτα γὰρ ποιοῦσιν οἱ τοῦτον εἰς κόρον πίνοντες
5,2 ὅτι πίνει ὁ δράκων ἐκ τ. θαλάσσης πῆχυν μίαν

π ι σ τ ό ς

15,4 Ἐπὶ ὀλίγῃ ἐστὲ πιστοί, ἐπὶ πολλῶν ὑμᾶς καταστήσει

π λ α ν ά ω

4,8 δεῖξόν μοι τί τὸ ξύλον τὸ πλανῆσαν τὸν Ἀδάμ ;

π λ ά τ ο ς

11,8 φιάλην... κ. τὸ πλάτος ὅσον ἀπὸ βορρᾶ ἕως νότου.

π λ ε ο ν ε ξ ί α

13,3 ἔστιν ἐν αὐτοῖς... ἀλλὰ πᾶσα ἀδικία κ. πλεονεξία.

π λ ῆ θ ο ς

3,5 ἐξέβαλλον πλήθη ἀνδρῶν τε κ. γυναικῶν εἰς τὸ πλινθεύειν.
9,3 Κ. ἦσαν... βόες, κ. ἀμνοὶ ἐν τῷ ἅρματι, κ. πλῆθος ἀγγέλων
ὁμοίως.
10,3 Κ. ἦσαν ἐν αὐτῷ πλήθη ὀρνέων ἐκ πασῶν γενεῶν
10,4 Τί ἐστι τὸ πεδίον, κ. τίς ἡ λίμνη, κ. τί τὸ περὶ αὐτὴν
πλῆθος τ. ὀρνέων ;

π λ ή ρ η ς

3,3 Κ. ἔδειξέν μοι κἀκεῖ πεδίον, κ. ἦν πλῆρες ἀνθρώπων
15,2 Κ. τ. ἀγγέλους τ. ἐνεγκόντας τὰ κανίσκια πλήρη ἐπλήρωσεν
αὐτὰ ἐλαίῳ λέγων

π λ η ρ ό ω

15,2 Κ. τ. ἀγγέλους τ. ἐνεγκόντας τὰ κανίσκια πλήρη ἐπλήρωσεν
αὐτὰ ἐλαίῳ λέγων

π λ ι ν θ ε ύ ω

3,5 ἐξέβαλλον πλήθη ἀνδρῶν τε κ. γυναικῶν εἰς τὸ πλινθεύειν.
Ἐν οἷς μία γυνὴ πλινθεύουσα ἐν τῇ ὥρᾳ τοῦ τεκεῖν αὐτὴν
οὐ συνεχωρήθη ἀπολυθῆναι,

ἀλλὰ πλινθεύουσα ἔτεκεν ·

κ. τὸ τέκνον αὐτῆς ἐν τῷ λεντίῳ ἐβάσταζεν, κ. ἐπλίνθευεν.

πνευματικός

13,4   Οὐ γὰρ εἴδομεν αὐτοὺς εἰσελθεῖν ἐν ἐκκλησίᾳ ποτέ, οὐδὲ εἰς
πνευματικοὺς πατέρας, οὐδὲ εἰς ἀγαθὸν ἕν.

πνοή

2,1   ποταμὸς ὃν οὐδεὶς δύναται περᾶσαι αὐτόν, οὐδὲ ξένη
πνοὴ ἐκ πασῶν ὧν ἔθετο ὁ θεός.

8,7   οὐκ ἂν ἐσώθη πᾶσα πνοή.

ποιέω

1,2   Κύριε... ; τί ἐποίησας τοῦτο ;

3,5   Οὗτοί εἰσιν οἱ τ. συμβουλὴν δόντες τοῦ ποιῆσαι τ. πύργον.

4,7   Κύριος ὁ θεὸς ἐποίησεν τριακοσίους ἑξήκοντα ποταμούς

4,10   ὅτε ἐποίησεν ὁ θεὸς τ. κατακλυσμὸν ἐπὶ τ. γῆς..., εἰσῆλθε
τὸ ὕδωρ

4,13   Νῶε... προσηύξατο ὅπως ἀποκαλύψῃ αὐτῷ ὁ θεὸς περὶ
αὐτοῦ τί ποιήσει.

4,14   ὅπως ἀποκαλύψῃς μοι τί ποιήσω περὶ τ. φυτοῦ τούτου.

4,17   Ταῦτα γὰρ ποιοῦσιν οἱ τοῦτον εἰς κόρον πίνοντες

16,4   οὐδὲ ἐσυνετήρησαν τ. ἐντολῶν μου, οὐδὲ ἐποίησαν

ποῖος (cf. Reg.)

πόλις

1,1   κ. ὅπως συνεχωρήθη Ναβουχοδονόσωρ... ὑπὸ θεοῦ
πορθῆσαι τ. πόλιν αὐτοῦ

πολύς (cf. Reg.)

πονηρός

13,1   ὅτι πονηροῖς ἀνθρώποις παρεδόθημεν, κ. θέλομεν ὑποχω-
ρῆσαι ὑπ᾽ αὐτῶν.

13,3   ὅτι οὐ δυνάμεθα ἀνθρώποις πονηροῖς κ. ἄφροσι προσμένειν

πορεία

2,2   Κ. εἰσήλθομεν ὡς ἐν πτέρυξιν ὡσεὶ πορείας ὁδοῦ ἡμερῶν
τριάκοντα.

3,2   *Κ. εἰσήλθομεν ἀναπτερωμένοι ὡσεὶ πορείας ὁδοῦ ἡμερῶν ἑξήκοντα.*

4,2   *διέλθωμεν. [...] ... ὡσεὶ πορείας ἡμερῶν ἑκατὸν ὀγδοή-κοντα πέντε.*

π ο ρ ε ύ ο μ α ι

15,4   *Πορευθέντες εὐλογήσατε τ. φίλους ἡμῶν*

16,2   *πορευθέντες, παραζηλώσατε αὐτοὺς κ. παροργίσατε, κ. παραπικράνατε ἐπ᾽ οὐκ ἔθνει*

π ο ρ θ έ ω

1,1   *κ. ὅπως συνεχωρήθη Ναβουχοδονόσωρ... ὑπὸ θεοῦ πορθῆσαι τ. πόλιν αὐτοῦ*

π ο ρ ν ε ί α

4,17   *ἀλλὰ διὰ... οἴνου πάντα γίνονται οἷον... μοιχεῖαι, πορνεῖαι, ἐπιορκεῖαι*

8,5   *θεωρῶν τ. ἀνομίας κ. τ. ἀδικίας τ. ἀνθρώπων, ἤγουν πορνείας, μοιχείας*

13,4   *κ. ὅπου πορνεῖαι, μοιχεῖαι, κλεψίαι ... ἐκεῖ εἰσιν ἐργάται τ. τοιούτων*

π ό σ ο ς (cf. Reg.)

π ο τ α μ ό ς

Tit. 2   *Βαρούχ, ὃς ἔστιν ἐπὶ ποταμοῦ Γέλ., κλαίων*

2,1   *ἤγαγέν με... κ. ὅπου ποταμὸς ὃν οὐδεὶς δύναται περᾶσαι αὐτόν*

4,7   *Κύριος ὁ θεὸς ἐποίησεν τριακοσίους ἑξήκοντα ποταμούς*

π ο τ έ (cf. Reg.)

π ο ῦ (cf. Reg.)

π ο ύ ς

2,3   *Κ. ἦσαν ἄνθρωποι... ὧν... τὰ δὲ κέρατα ἐλάφων, οἱ δὲ πόδες αἰγῶν*

3,3   *κ. ἦν πλῆρες ἀνθρώπων · ἡ δὲ θεωρία αὐτῶν ὁμοία κυνῶν, οἱ δὲ πόδες ἐλάφων.*

π ρ ό (cf. Reg.)

π ρ ο λ έ γ ω
    8,7 αἱ τούτου πτέρυγες, ὡς προείπομεν, περιέσκεπον τ. ...
          ἀκτῖνας

π ρ ο ξ ε ν έ ω
    4,16 οὕτως κ. οἱ νῦν ἄνθρωποι... κ. τῷ αἰωνίῳ πυρὶ ἑαυτοὺς
          προξενοῦσιν.

π ρ ό ς (cf. Reg.)

π ρ ο σ έ ρ χ ο μ α ι
    11,9 Τοῦτό ἐστιν ἔνθα προσέρχονται αἱ ἀρεταὶ τ. δικαίων κ.
          ὅσα ἐργάζονται ἀγαθά

π ρ ο σ ε ύ χ ο μ α ι
    4,13 Νῶε... Κ. ταῦτα λέγων προσηύξατο ὅπως ἀποκαλύψῃ
          αὐτῷ ὁ θεός

π ρ ο σ κ ο μ ί ζ ω
    12,2 Κ. ἠρώτησα... τίνες εἰσὶν... κ. τί τὰ προσκομιζόμενα
          παρ' αὐτῶν ;

π ρ ο σ κ υ ν έ ω
    11,6 Μιχαὴλ... ὁ ἄγγελος... κ. προσεκύνησεν αὐτόν, κ. εἶπεν

π ρ ο σ λ α μ β ά ν ω
    4,15 †τὸ γένος τ. ἀνθρώπων... ἐν αὐτῷ μέλλουσιν τ. ἀνάκλησιν
          προσλαβεῖν κ. τὴν εἰς παράδεισον εἴσοδον.†

π ρ ο σ μ έ ν ω
    13,3 ὅτι οὐ δυνάμεθα ἀνθρώποις πονηροῖς κ. ἄφροσι προσμένειν

π ρ ο σ τ ά τ τ ω
    6,6 ἀλλὰ προσέταξεν ὁ θεὸς τοῦτο τὸ ὄρνεον.

π ρ ο σ τ ί θ η μ ι
    1,7 ἐὰν ὑποδείξῃς... οὐ μὴ προσθήσω ἔτι λαλῆσαι ·
          προσθήσει ὁ θεὸς ἐν τῇ ἡμέρᾳ τ. κρίσεως κρίσιν ἐμοί

προσφέρω

   14,2 Ἄρτι προσφέρει Μιχαὴλ τὰς τ. ἀνθρώπων ἀρετὰς τῷ θεῷ.

πρόσωπον

   1,4 Κύριος... Ἀπέστειλε γάρ με πρὸ προσώπου σου

   2,3 Κ. ἦσαν ἄνθρωποι... ὧν τὰ πρόσωπα βοῶν, τὰ δὲ κέρατα ἐλάφων

πρωτόπλαστος

   4,9 ἡ ἄμπελος... κ. κατάρας ὑπόδικος παρὰ θεοῦ κ. τοῦ πρωτοπλάστου ἀναίρεσις

πρῶτος

   2,2 Κ. λαβών με ἤγαγέν με ἐπὶ τ. πρῶτον οὐρανόν

   3,1 Κ. ὑπέδειξέν μοι... θύραν ὁμοίαν τ. πρώτης.

   4,7 ποταμούς, ὧν οἱ πρῶτοι πάντων Ἀλφίας κ. Ἄβυρος κ. ὁ Γηρικός

   7,2 πάντα ὅσα ἔδειξά σοι ἐν τῷ πρώτῳ κ. δευτέρῳ οὐρανῷ εἰσιν.

   9,7 Κ. ἐν τῇ παραβάσει τ. πρώτου Ἀδὰμ παρῆψε τῷ Σαμαὴλ

πτερόν

   6,7 κ. εἶδον εἰς τὸ δεξιὸν πτερὸν αὐτοῦ γράμματα παμμεγέθη ὡς ἅλωνος τόπον

πτέρυξ

   2,2 Κ. εἰσήλθομεν ὡς ἐν πτέρυξιν ὡσεὶ πορείας ὁδοῦ ἡμερῶν τριάκοντα.

   6,5 κ. τ. πτέρυγας ἐφαπλῶν δέχεται τὰς πυριμόρφους ἀκτῖνας αὐτοῦ

   6,7 τὸ ὄρνεον. Κ. ἥπλωσε τ. πτέρυγας αὐτοῦ

   6,8 τὸ ὄρνεον... ἀλλὰ τίκτουσί με πτέρυγες πυρός.

   7,5 ἐξέτεινε κ. ὁ φοῖνιξ τ. αὐτοῦ πτέρυγας.

   7,5 κ. ὑπεκρύβην ἐν τ. πτέρυξι τ. ἀγγέλου.

   8,2 Τὸ δὲ ὄρνεον ἔστη τεταπεινωμένον κ. συστέλλον τ. πτέρυγας αὐτοῦ.

   8,7 Εἰ μὴ γὰρ αἱ τούτου πτέρυγες... περιέσκεπον τὰς τ. ἡλίου ἀκτῖνας

πτῶσις

   4,17 διὰ τ. πτώσεως τ. οἴνου πάντα γίνονται οἷον φόνοι...

π ύ λ η

    Tit. 2 κ. οὗτος ἐκάθητο ἐπὶ τ. ὡραίας πύλας, ὅπου ἔκειτο τὰ τ. ἁγίων ἅγια.

    6,13 Ἄρτι ἀνοίγουσιν οἱ ἄγγελοι τὰς τριακοσίας ἑξήκοντα πέντε πύλας τ. οὐρανοῦ

    11,2 εἰς πέμπτον οὐρανόν. Κ. ἦν ἡ πύλη κεκλεισμένη.

    11,5 Κ. ἰδοὺ ἦλθεν φωνή · Ἀνοιγήτωσαν αἱ πύλαι.

    15,1 Κ. αὐτῇ τῇ ὥρᾳ κατῆλθεν ὁ Μιχαήλ, κ. ἠνοίγη ἡ πύλη

π ύ λ ο ς

    11,2 οὐκ ἀνοίγεται ὁ πύλος οὕτως ἕως (Α ὁ πυλὼν οὗτος ὅπως) εἰσέλθωμεν ;

π υ λ ώ ν

    11,2 οὐκ ἀνοίγεται ὁ πυλὼν οὗτος ὅπως (Β ὁ πύλος οὕτως ἕως) εἰσέλθωμεν ;

π ῦ ρ

    4,16 οὕτως κ. οἱ νῦν ἄνθρωποι... κ. τῷ αἰωνίῳ πυρὶ ἑαυτοὺς προξενοῦσιν.

    6,2 Κ. ἐπὶ τ. ἅρματος ἄνθρωπος καθήμενος φορῶν στέφανον πυρός

    6,8 τὸ ὄρνεον... ἀλλὰ τίκτουσί με πτέρυγες πυρός.

    8,6 ἐπεὶ διὰ τὸ κατέχειν τὰς τ. ἡλίου ἀκτῖνας, διὰ τ. πυρὸς κ. τῆς ὁλοημέρου καύσεως

π ύ ρ γ ο ς

    2,7 Οὗτοί εἰσιν οἱ τ. πύργον τ. θεομαχίας οἰκοδομήσαντες

    3,5 Οὗτοί εἰσιν οἱ τ. συμβούλην δόντες τοῦ ποιῆσαι τ. πύργον.

    3,6 ἀφ' οὗ τ. πύργον ᾠκοδόμησαν ἐπὶ πήχεις τετρακοσίας ἑξήκοντα τρεῖς.

π υ ρ ί μ ο ρ φ ο ς

    6,5 κ. τ. πτέρυγας ἐφαπλῶν δέχεται τὰς πυριμόρφους ἀκτῖνας αὐτοῦ

π ῶ ς (cf. Reg.)

σ α λ ε ύ ω

    6,13 κ. ἐσαλεύθη ὁ τόπος ἐν ᾧ ἱστάμεθα.

Σαμαήλ
    4,8   Ἡ ἄμπελός ἐστιν, ἣν ἐφύτευσεν ὁ ἄγγελος Σαμαήλ
    9,7   τ. σελήνης... παρῆψε τῷ Σαμαήλ ὅτε τὸν ὄφιν ἔλαβεν
          ἔνδυμα

Σαρασαήλ
    4,15 †Ἀπέστειλε δὲ ὁ θεὸς τ. ἄγγελον αὐτοῦ τὸν Σαρασαήλ†

σάρξ
    4,10 ὅτε... ὁ θεὸς... κ. ἀπώλεσε πᾶσαν σάρκα κ. τὰς... χιλιάδας
          τ. γιγάντων

σελήνη
    9,1   κ. ἡ νὺξ κατέλαβεν κ. ἅμα ταύτῃ μετὰ κ. τ. σελήνης κ.
          μετὰ τ. ἀστέρων.
    9,8   οὕτως οὐδὲ ἐνώπιον τ. ἡλίου δύνανται ἡ σελήνη κ. ἀστέρες
          αὐγάσαι.
    9,8   Κ. ἡ σελήνη σῶα οὖσα ὑπὸ τῆς τ. ἡλίου θέρμης ἐκδαπανᾶται

σιδηροῦς
    3,7   Ἴδωμεν ὀστράκινός ἐστιν ὁ οὐρανὸς ἢ χαλκοῦς ἢ σιδηροῦς.

σκεδάζω
    9,8   Ἀεὶ γὰρ οἱ ἀστέρες κρέμανται, ἀλλ᾽ὑπὸ τ. ἡλίου σκεδά-
          ζονται.

σκότος
    6,13 κ. διαχωρίζεται τὸ φῶς ἀπὸ τ. σκότους.

σκυθρωπός
    16,1 Τάδε λέγει Κύριος · Μή ἐστε σκυθρωποί, κ. μὴ κλαίετε

σκώληξ
    6,12 Κ. εἶπέν μοι · Ἀφοδεύει σκώληκα
          κ. τὸ τ. σκώληκος ἀφόδευμα γίνεται κινάμωμον

σπείρω
    15,2 Οἱ γὰρ καλῶς σπείραντες κ. καλῶς ἐπισυνάγουσιν.

σ π ε ύ δ ω

> 3,7 Κ. λαβόντες τρύπανον ἔσπευδον τρυπῆσαι τ. οὐρανόν, λέγοντες

σ τ έ φ α ν ο ς

> 6,2 Κ. ἐπὶ τ. ἅρματος ἄνθρωπος καθήμενος φορῶν στέφανον πυρός
>
> 7,4 ὁρῶ... τ. ἥλιον... κ. τ. ἀγγέλους μετ' αὐτοῦ φέροντας κ. στέφανον ἐπὶ τ. κεφαλὴν αὐτοῦ
>
> 8,1 τ. ἥλιον... κ. ἦραν τ. στέφανον ἀπὸ τ. κορυφῆς αὐτοῦ.
>
> 8,3 διὰ τί ἦραν τ. στέφανον ἀπὸ τ. κεφαλῆς τ. ἡλίου
>
> 8,4 Ὁ στέφανος τ. ἡλίου... λαμβάνουσι τέσσαρες ἄγγελοι τοῦτον κ. ἀναφέρουσιν

σ τ η ρ ί ζ ω

> 2,1 ἤγαγέν με ὅπου ἐστήρικται ὁ οὐρανός

σ τ ρ έ φ ω

> 16,1 Μιχαήλ... Κ. στραφεὶς λέγει κ. τοῖς μηδὲν ἐνεγκοῦσιν

σ ύ (cas obliques, cf. Reg.)

> 11,7 Χαίροις κ. σύ, ὁ ἡμέτερος ἀδελφὸς κ. ὁ... διερμηνεύων
>
> 12,7 Δεῦτε κ. ὑμεῖς, ἄγγελοι, φέρετε ὃ ἠνέγκατε.
>
> 15,3 Δεῦτε κ. ὑμεῖς, ἀπολάβετε τ. μισθόν
>
> 17,4 Ὦ κ. ὑμεῖς, ἀδελφοί,... δοξάσατε κ. αὐτοὶ τ. θεόν

σ υ γ χ ω ρ έ ω

> 1,1 κ. ὅπως συνεχωρήθη Ναβουχοδονόσωρ ὁ βασιλεὺς ὑπὸ θεοῦ πορθῆσαι τ. πόλιν αὐτοῦ
>
> 3,5 μία γυνὴ πλινθεύουσα ἐν τῇ ὥρᾳ τοῦ τεκεῖν αὐτὴν οὐ συνεχωρήθη ἀπολυθῆναι
>
> 3,8 Ταῦτα ἰδὼν ὁ θεὸς οὐ συνεχώρησεν αὐτούς
>
> 4,8 Κύριος ὁ θεός... κ. διὰ τοῦτο οὐ συνεχώρησεν τὸν Ἀδὰμ ἅψασθαι αὐτοῦ.

σ υ μ β ο υ λ ή

> 3,5 Οὗτοί εἰσιν οἱ τ. συμβουλὴν δόντες τοῦ ποιῆσαι τ. πύργον.

σ ύ ν (cf. Reg.)

σ υ ν α ν τ ά ω

    11,6   *Κ. ἦλθεν Μιχαήλ, κ. συνήντησεν αὐτῷ ὁ ἄγγελος ὁ ὢν μετ' ἐμοῦ*

σ υ ν δ ι ά γ ω

    10,5   *οὗπερ ἔρχονται αἱ ψυχαὶ τ. δικαίων ὅταν ὁμιλῶσι συνδιάγοντες χοροὶ χοροί.*

σ ύ ν ε σ ι ς

    1,1   *Οἲ νῦν ἐγώ, Βαρούχ, κλαίων ἐν τῇ συνέσει μου*

σ υ ν ί η μ ι

    1,3   *Σύνες, ὦ ἄνθρωπε, ἄνερ ἐπιθυμιῶν, κ. μὴ ... σε μέλῃ*

σ υ ν τ η ρ έ ω

    16,4   *οὐδὲ ἐσυνετήρησαν τ. ἐντολῶν μου, οὐδὲ ἐποίησαν*

σ υ σ τ έ λ λ ω

    8,2   *Τὸ δὲ ὄρνεον ἔστη τεταπεινωμένον κ. συστέλλον τ. πτέρυγας αὐτοῦ.*

    9,1   *Κ. τούτων συσταλέντων κ. ἡ νὺξ κατέλαβεν*

σ φ ό δ ρ α

    11,8   *Κ. ἴδον τ. ἀρχιστράτηγον Μιχαὴλ κρατοῦντα φιάλην μεγάλην σφόδρα*

    12,8   *Κ. ἐλυπήθη Μιχαὴλ σφόδρα, κ. ὁ μετ' ἐμοῦ ἄγγελος*

σ χ ῆ μ α

    9,2   *τ. σελήνης... δεῖξόν μοι κ. ταύτην, ... κ. ἐν ποίῳ σχήματι περιπατεῖ ;*

    9,3   *ὁρῶ κ. ταύτην ἐν σχήματι γυναικὸς κ. καθημένην*

σ ῴ ζ ω

    6,6   *εἰ μὴ γὰρ ταύτας ἐδέχετο, οὐκ ἂν τ. ἀνθρώπων γένος ἐσῴζετο*

    8,7   *Εἰ μὴ γὰρ αἱ τούτου πτέρυγες... περιέσκεπον τὰς τ. ἡλίου ἀκτῖνας οὐκ ἂν ἐσώθη πᾶσα πνοή.*

σ ῶ μ α

    4,5   *Ὁ μὲν δράκων ἐστὶν ὁ τὰ σώματα τῶν κακῶς τ. βίον μετερχομένων ἐσθίων.*

σ ῶ ο ς
>
> 9,8   Κ. ἡ σελήνη σῴα οὖσα ὑπὸ τῆς τ. ἡλίου θέρμης ἐκδα-
> πανᾶται.

σ ω τ η ρ ί α
>
> 1,3   Κ. μὴ τοσοῦτόν σε μέλῃ περὶ τ. σωτηρίας Ἱερουσαλήμ

τ ά γ μ α
>
> 11,6   Χαίροις, ὁ ἐμὸς ἀρχιστράτηγος κ. παντὸς τ. ἡμετέρου
> τάγματος.

τ α π ε ι ν ό ω
>
> 7,5   ἰδὼν τ. τοιαύτην δόξαν ἐταπεινώθην φόβῳ μεγάλῳ, κ.
> ἐξέφυγον
>
> 8,2   Τὸ δὲ ὄρνεον ἔστη τεταπεινωμένον κ. συστέλλον τ. πτέρυγας
> αὐτοῦ.
>
> 8,3   κ. διὰ τί ἐστι τὸ ὄρνεον τοσοῦτον τεταπεινωμένον ;
>
> 8,6   Περὶ δὲ τ. ὀρνέου, τὸ πῶς ἐταπεινώθη ·
> ἐπεὶ διὰ τὸ κατέχειν τὰς τ. ἡλίου ἀκτῖνας, … ὡς δι᾽ αὐτοῦ
> ταπεινοῦται.

τ ε   (cf. Reg.)

τ έ κ ν ο ν
>
> 3,5   κ. τὸ τέκνον αὐτῆς ἐν τῷ λεντίῳ ἐβάσταζεν, κ. ἐπλίνθευεν.
>
> 4,17   οὔτε ἀδελφὸς ἀδελφὸν ἐλεεῖ,… οὔ<τε> τέκνα γονεῖς
>
> 16,3   Κ. διχοτομήσατε αὐτοὺς… κ. τὰ τέκνα αὐτῶν ἐν δαι-
> μονίοις.

τ έ λ ε ι ο ς
>
> 12,6   ἀγγέλους… διότι οὐκ εἶχον τέλεια τὰ βραβεῖα.

τ έ λ ο ς
>
> 13,2   Οὐ δύνασθε ὑποχωρεῖν… ἵνα μὴ εἰς τέλος κυριεύσῃ ὁ
> Ἐχθρός

τ ε σ σ α ρ ά κ ο ν τ α
>
> 4,14   Νῶε… Κ. τεσσαράκοντα ἡμέρας τ. εὐχὴν ἐκτελέσαντος…
>
> 6,2   ἐλαυνόμενον τὸ ἅρμα ὑπ᾽ ἀγγέλων τεσσαράκοντα.

τ έ σ σ α ρ ε ς

    8,4   λαμβάνουσι τέσσαρες ἄγγελοι τοῦτον κ. ἀναφέρουσιν...
           κ. ἀνακαινίζουσιν αὐτόν

τ ε τ ρ α έ λ α σ τ ο ς

    6,2   Κ. ἔδειξέ μοι ἅρμα τετραέλαστον ὃ ἦν ὑπόπυρον.

τ ε τ ρ α κ ι σ χ ί λ ι ο ι

    6,7   γράμματα παμμεγέθη ὡς ἅλωνος τόπον ἔχων μέτρον
           ὡσεὶ μοδίων τετρακισχιλίων

τ ε τ ρ α κ ό σ ι ο ι

    3,6   τ. πύργον ᾠκοδόμησαν ἐπὶ πήχεις τετρακοσίας ἑξήκοντα
           τρεῖς.
    4,10 ὅτε... ὁ θεὸς... κ. ἀπώλεσε... κ. τ. τετρακοσίας ἐννέα
           χιλιάδας τ. γιγάντων

τ ί θ η μ ι

    2,1   οὐδὲ ξένη πνοὴ ἐκ πασῶν ὧν ἔθετο ὁ θεός.

τ ί κ τ ω

    3,5   μία γυνὴ πλινθεύουσα ἐν τῇ ὥρᾳ τοῦ τεκεῖν αὐτὴν οὐ
           συνεχωρήθη ἀπολυθῆναι,
           ἀλλὰ πλινθεύουσα ἔτεκεν
    6,8   τὸ ὄρνεον... Οὔτε γῆ με τίκτει οὔτε οὐρανός,
           ἀλλὰ τίκτουσί με πτέρυγες πυρός.

τ ί ς (cf. Reg.)

τ ι ς (cf. Reg.)

τ ο ι γ α ρ ο ῦ ν (cf. Reg.)

τ ο ι ο ῦ τ ο ς (cf. Reg.)

τ ο λ μ ά ω

    12,6 ἀγγέλους... κ. οὐκ ἐτόλμησαν ἐγγίσαι, διότι οὐκ εἶχον
           τέλεια τὰ βραβεῖα.

τ ό π ο ς

    4,2   διέλθωμεν. [...] μετὰ τ. ἀγγέλου ἀπὸ τ. τόπου ἐκείνου

    6,7   γράμματα παμμεγέθη ὡς ἅλωνος τόπον ἔχων μέτρον
           ὡσεὶ μοδίων τετρακισχιλίων

    6,13 κ. ἐσαλεύθη ὁ τόπος ἐν ᾧ ἱστάμεθα.

τ ο σ ο ῦ τ ο ς (cf. Reg.)

τ ρ ε ῖ ς

    3,6   τ. πύργον ᾠκοδόμησαν ἐπὶ πήχεις τετρακοσίας ἑξήκοντα
           τρεῖς.

τ ρ έ φ ω

    4,5   'Ο μὲν δράκων... ὁ τὰ σώματα... ἐσθίων · κ. ὑπ' αὐτῶν
           τρέφεται

τ ρ ι ά κ ο ν τ α

    2,2   Κ. εἰσήλθομεν ὡς ἐν πτέρυξιν ὡσεὶ πορείας ὁδοῦ ἡμερῶν
           τριάκοντα.

τ ρ ι α κ ό σ ι ο ι

    4,7   Κύριος ὁ θεὸς ἐποίησεν τριακοσίους ἑξήκοντα ποταμούς

    5,3   Κ. ὅσον ἀνδρῶν τριακοσίων μόλιβδος ἀκοντίζεται, τοσαύτη
           ἐστὶν ἡ κοιλία αὐτοῦ.

    6,13 "Αρτι ἀνοίγουσιν οἱ ἄγγελοι τ. τριακοσίας ἑξήκοντα
           πέντε πύλας τ. οὐρανοῦ

τ ρ ι σ μ ό ς

    11,5 Κ. ἤνοιξαν · κ. ἐγένετο τρισμὸς ὡς βροντῆς.

τ ρ ί τ ο ς

    7,2   κ. ἐν τῷ τρίτῳ οὐρανῷ διέρχεται ὁ ἥλιος

    10,1 λαβὼν ἤγαγέν με εἰς τρίτον οὐρανόν.

τ ρ ο χ ό ς

    9,3   ὁρῶ κ. ταύτην... κ. καθημένην ἐπὶ ἅρματος τροχοῦ

τ ρ ύ π α ν ο ν

    3,7   Κ. λαβόντες τρύπανον ἔσπευδον τρυπῆσαι τ. οὐρανόν

τ ρ υ π ά ω
  3,7   Κ. λαβόντες τρύπανον ἔσπευδον τρυπῆσαι τ. οὐρανόν,
        λέγοντες

τ υ γ χ ά ν ω
  17,4   Ὦ κ. ὑμεῖς, ἀδελφοί, οἱ τυχόντες τ. τοιαύτης ἀποκα-
         λύψεως, δοξάσατε... τ. θεόν

ὑ β ρ ι σ τ ή ς
  16,4   ἀλλ'ἐγένοντο καταφρονηταὶ... κ. ὑβρισταὶ τ. ἱερέων τῶν
         τ. λόγους μου κηρυττόντων αὐτοῖς.

ὕ δ ω ρ
  4,10   ὅτε... κ. ἀνῆλθεν τὸ ὕδωρ ἐπάνω τ. ὑψηλῶν ἐπὶ πήχεις
         δεκάπεντε,
         εἰσῆλθε τὸ ὕδωρ εἰς τ. παράδεισον, κ. ἦρεν πᾶν ἄνθος
  4,11   Κ. ὅταν ἐφάνη ἡ γῆ ἀπὸ τ. ὕδατος
  10,2   Κ. εἶδον πεδίον ἀπλοῦν, κ. ἐν μέσῳ αὐτοῦ λίμνην ὑδάτων.
  10,6   Τὸ δὲ ὕδωρ ἐστὶν ὅπερ τὰ νέφη λαμβάνοντα βρέχουσιν
         ἐπὶ τ. γῆς
  10,8   κ. πῶς... ὅτι ἀπὸ τ. θαλάσσης ἐστὶ τὸ ὕδωρ ὅπερ βρέχει ;
  10,9   Τὸ μὲν βρέχον ἀπὸ τ. θαλάσσης κ. τῶν ἐπὶ γῆς ὑδάτων κ.
         τοῦτό ἐστιν

υ ἱ ό ς
  2,4   Ἀνάγγειλόν μοι... ἵνα κἀγὼ ἀπαγγείλω τ. υἱοῖς τ. ἀν-
         θρώπων.
  4,17   οὔτε ἀδελφὸς ἀδελφὸν ἐλεεῖ, οὔτε πατὴρ υἱόν
  15,3   ἀπολάβετε τ. μισθὸν... κ. ἀπόδοτε τ. υἱοῖς τ. ἀνθρώπων
  16,1   κ. μὴ κλαίετε, μηδὲ ἐάσατε τ. υἱοὺς τ. ἀνθρώπων.

ὑ μ ε ῖ ς , cf. σ ύ

ὑ π έ ρ (cf. Reg.)

ὑ π ε ρ έ χ ω
  10,3   Κ. πάντα μεγάλα ὑπερέχοντα τῶν ἐν κόσμῳ.

ὑ π ό (cf. Reg.)

ὑ π ο δ ε ί κ ν υ μ ι

   1,4   'Ἀπέστειλε γάρ με... ὅπως ἀναγγείλω κ. ὑποδείξω σοι
            πάντα τ. θεοῦ.

   1,6   κ. ὑποδείξω σοι ἄλλα μυστήρια τούτων μείζονα.

   1,7   Ζῆ Κύριος... ὅτι ἐὰν ὑποδείξῃς μοι κ. ἀκούσω παρά
            σου λόγον, οὐ μὴ προσθήσω

   1,8   Δεῦρο κ. ὑποδείξω σοι τὰ μυστήρια τ. θεοῦ.

   2,3   Κ. ὑπέδειξέν μοι ἔνδον τ. οὐρανοῦ πεδίον.

   2,6   Δεῦρο κ. ὑποδείξω σοι μείζονα μυστήρια.

   3,1   ὁ ἄγγελος... Κ. ὑπέδειξέν μοι [ἐν] κἀκεῖ θύραν ὁμοίαν τ.
            πρώτης.

ὑ π ό δ ι κ ο ς

   4,9   γέγονεν ἡ ἄμπελος, κ. κατάρας ὑπόδικος παρὰ θεοῦ
            κ. τ. πρωτοπλάστου ἀναίρεσις

ὑ π ο κ ρ ύ π τ ω

   7,5   κ. ἐξέφυγον κ. ὑπεκρύβην ἐν τ. πτέρυξι τ. ἀγγέλου.

   9,7   τ. σελήνης... οὐκ ὑπεκρύβη (Β ἀπ.) ἀλλὰ παρηύξησε.

ὑ π ό π υ ρ ο ς

   6,2   ἅρμα τετραέλαστον ὃ ἦν ὑπόπυρον.

ὑ π ο χ ω ρ έ ω

   13,1   κ. θέλομεν ὑποχωρῆσαι ὑπ' (sic) αὐτῶν.

   13,2   Οὐ δύνασθε ὑποχωρεῖν ὑπ' (sic) αὐτῶν

ὑ ψ η λ ό ς

   4,10   κ. ἀνῆλθεν τὸ ὕδωρ ἐπάνω τ. ὑψηλῶν ἐπὶ πήχεις δεκάπεντε

φ α ί ν ω

   4,11   Κ. ὅταν ἐφάνη ἡ γῆ ἀπὸ τ. ὕδατος κ. ἐξῆλθε Νῶε

Φ α μ α ῆ λ

   2,5   Κ. εἶπέν μοι ὁ ἄγγελος οὗ τὸ ὄνομα αὐτοῦ Φαμαῆλ

φ έ γ γ ο ς

   6,14   Φωτόδοτα, δὸς τῷ κόσμῳ τὸ φέγγος.

   7,2   ὁ ἥλιος κ. διδοῖ τῷ κόσμῳ τὸ φέγγος.

φ έ ρ ω

7,4   ὁρῶ... τ. ἥλιον... κ. τ. ἀγγέλους μετ᾿ αὐτοῦ φέροντας κ.
       στέφανον ἐπὶ τ. κεφαλὴν αὐτοῦ

12,1   ἰδοὺ ἦλθον ἄγγελοι φέροντες κανίσκια γέμοντα ἀνθῶν

12,6   Κ. εἶδον ἑτέρους ἀγγέλους φέροντας κανίσκια κενὰ οὐ
       γέμοντα.

12,7   Δεῦτε κ. ὑμεῖς, ἄγγελοι, φέρετε ὃ ἠνέγκατε.

15,1   Κ. αὐτῇ τῇ ὥρᾳ κατῆλθεν ὁ Μιχαήλ... κ. ἤνεγκεν ἔλαιον.

15,2   Κ. τ. ἀγγέλους τ. ἐνεγκόντας τὰ κανίσκια πλήρη ἐπλήρωσεν
       αὐτὰ ἐλαίῳ

15,3   Κ. λέγει κ. τ. ἀποκένους φέροντας τοὺς κανίσκους ·
       Δεῦτε κ. ὑμεῖς, ἀπολάβετε τ. μισθὸν καθὼς ἠνέγκατε

15,4   Εἶτα λέγει κ. τοῖς τὰ γέμοντα ἐνεγκοῦσι κ. τοῖς τὰ ἀπόκενα

16,1   Μιχαήλ... λέγει κ. τοῖς μηδὲν ἐνεγκοῦσιν · Τάδε λέγει
       Κύριος

17,3   δόξαν ἔφερον τῷ θεῷ τῷ ἀξιώσαντί με τοιούτου ἀξιώματος.

φ θ ο ν έ ω

4,8   φθονήσας ὁ διάβολος ἠπάτησεν αὐτὸν διὰ τῆς ἀμπέλου
       αὐτοῦ.

φ θ ό ν ο ς

13,4   κ. ὅπου... ἐπιορκίαι, φθόνοι, μέθαι... ἐκεῖ εἰσιν ἐργάται
       τ. τοιούτων

φ ι ά λ η

11,8   Κ. ἴδον τ. ἀρχιστράτηγον Μιχαὴλ κρατοῦντα φιάλην
       μεγάλην σφόδρα

12,4   Κ. λαβὼν ὁ ἀρχάγγελος τοὺς κανίσκους ἔβαλεν αὐτοὺς
       εἰς τ. φιάλην.

12,8   Κ. ἐλυπήθη... διὸ οὐκ ἐγέμισαν τ. φιάλην.

φ ί λ ο ς

15,2   δότε... τ. μισθὸν τ. φίλοις ἡμῶν κ. τοῖς... ἐργασαμένοις
       τὰ καλὰ ἔργα.

15,4   Πορευθέντες εὐλογήσατε τ. φίλους ἡμῶν

φ ο β έ ο μ α ι

7,6   Μὴ φοβοῦ, Βαρούχ, ἀλλ᾿ ἔκδεξαι κ. ὄψει κ. τ. δύσιν αὐτῶν.

φ ό β ο ς

 7,5 Ἐγὼ δὲ ἰδὼν τ. τοιαύτην δόξαν ἐταπεινώθην φόβῳ μεγάλῳ

 13,1 ἦλθον ἕτεροι ἄγγελοι κλαίοντες... κ. μετὰ φόβου λέγοντες

φ ο ῖ ν ι ξ

 6,10 Φοῖνιξ καλεῖται τὸ ὄνομα αὐτοῦ.

 7,5 ἐξέτεινε κ. ὁ φοῖνιξ τ. αὐτοῦ πτέρυγας.

φ ό ν ο ς

 4,17 διὰ... τ. οἴνου πάντα γίνονται οἷον φόνοι, μοιχεῖαι, πορνεῖαι

 8,5 θεωρῶν τ. ἀνομίας... ἤγουν... μέθας, φόνους, ἔρεις

 13,4 Ἀλλ' ὅπου φόνος, κ. αὐτοὶ ἐν μέσῳ ἐκεῖ

φ ο ρ έ ω

 6,2 Κ. ἐπὶ τ. ἅρματος ἄνθρωπος καθήμενος φορῶν στέφανον
   πυρός

φ ύ λ α ξ

 6,3 Κ. λέγει μοι · Τοῦτό ἐστιν ὁ φύλαξ τ. οἰκουμένης.

 6,4 τὸ ὄρνεον... πῶς ἐστιν φύλαξ τ. οἰκουμένης ;

φ υ τ ε ί α

 4,8 Κύριος ὁ θεός · κ. ἐκατηράσατο αὐτὸν κ. τ. φυτείαν
   αὐτοῦ.

φ υ τ ε ύ ω

 4,8 Ἡ ἄμπελός ἐστιν, ἢν ἐφύτευσεν ὁ ἄγγελος Σαμαήλ

 4,11 Νῶε... ἤρξατο φυτεύειν ἐκ τ. εὑρισκομένων φυτῶν.

 4,13 τὸ κλῆμα... Ἆρα φυτεύσω αὐτὸ ἢ τί ;

 4,15 ✝Ἀναστάς, Νῶε, φύτευσον τὸ κλῆμα✝

φ υ τ ό ν

 4,11 Νῶε... ἤρξατο φυτεύειν ἐκ τ. εὑρισκομένων φυτῶν.

 4,14 ὅπως ἀποκαλύψῃς μοι τί ποιήσω περὶ τ. φυτοῦ τούτου.

φ ω ν έ ω

 6,16 Ὁ ἥλιος γὰρ ἑτοιμάζεται... κ. φωνεῖ ὁ ἀλέκτωρ.

 7,1 Κ. ποῦ ἀποσχολεῖται ὁ ἥλιος ἀφ'οὗ ὁ ἀλέκτωρ φωνεῖ ;

φ ω ν ή
    6,13 *Κύριέ μου, τί ἐστιν ἡ φωνὴ αὕτη ;*
    6,14 *Κ. ἦλθεν φωνὴ λέγουσα · Φωτόδοτα, δὸς τῷ κόσμῳ τὸ*
          φέγγος.
   11,3 *Κ. ἐγένετο φωνὴ μεγάλη ὡς βροντή.*
         Κ. εἶπον · Κύριε τί ἐστιν ἡ φωνὴ αὕτη ;
   11,5 *Κ. ἰδοὺ ἦλθεν φωνή · Ἀνοιγήτωσαν αἱ πύλαι.*
   14,1 *Κ. ἐγένετο φωνὴ ὡς βροντή.*
   14,2 *Κ. ἠρώτησα τ. ἄγγελον · Τί ἐστιν ἡ φωνή ;*
   16,4 *Ὅτι οὐκ εἰσήκουσαν τ. φωνῆς μου*

φ ῶ ς
    6,13 *κ. διαχωρίζεται τὸ φῶς ἀπὸ τ. σκότους.*

φ ω τ ο δ ό τ η ς
    6,14 *Φωτόδοτα, δὸς τῷ κόσμῳ τὸ φέγγος.*

χ α ί ρ ω
   11,6 *Χαίροις, ὁ ἐμὸς ἀρχιστράτηγος κ. παντὸς τ. ἡμετέρου*
        τάγματος.
   11,7 *Χαίροις κ. σύ, ὁ ἡμέτερος ἀδελφὸς κ. ὁ τ. ἀποκαλύψεις*
        διερμηνεύων

χ ά λ α ζ α
   16,3 *Ἔτι σὺν τούτοις ἐξαποστείλατε... κ. ἀκρίδα, χάλαζαν*
        μετ'ἀστραπῶν κ. ὀργῆς.

χ α λ κ ο ῦ ς
    3,7 *Ἴδωμεν ὀστράκινός ἐστιν ὁ οὐρανὸς ἢ χαλκοῦς ἢ σιδηροῦς.*

χ α ρ ά
   15,4 *εἰσέλθατε εἰς τ. χαρὰν τ. Κυρίου ὑμῶν.*

χ ε ί ρ
   Tit. 2 *ὅτε κ. Ἀβιμελὲχ ἐπὶ Ἀγροίππα τὸ χωρίον τῇ χειρὶ θεοῦ*
        διεφυλάχθη

χ ε ί ρ ω ν
    4,16 *οὕτως κ. οἱ νῦν ἄνθρωποι... χεῖρον τοῦ Ἀδὰμ τ. παράβασιν*
        ἀπεργάζονται

13,4 ἐκεῖ εἰσιν ἐργάται τ. τοιούτων κ. ἑτέρων χειρόνων.

χ ι λ ι ά ς
  4,10 ὁ θεὸς... κ. ἀπώλεσε πᾶσαν σάρκα κ. τ. τετρακοσίας
     ἐννέα χιλιάδας τ. γιγάντων

χ ο ρ ό ς
  10,5 οὗπερ ἔρχονται αἱ ψυχαὶ τ. δικαίων ὅταν ὁμιλῶσι συν-
     διάγοντες χοροὶ χοροί.

χ ρ ά ο μ α ι
  6,12 γίνεται κινάμωμον, ᾧπερ χρῶνται βασιλεῖς κ. ἄρχοντες.

χ ρ ε ί α
  4,9 ἡ ἄμπελος... πῶς ἄρτι εἰς τοσαύτην χρείαν ἐστίν ;

Χ ρ ι σ τ ό ς
  4,15 ✝ διὰ Ἰησοῦ Χριστοῦ τοῦ Ἐμμανουὴλ... μέλλουσιν τ.
     ἀνάκλησιν προσλαβεῖν✝

χ ρ υ σ ο ῦ ς
  6,7 κ. ἦσαν γράμματα χρυσᾶ.

χ ω ρ ί ο ν
  Tit. 2 ὅτε κ. Ἀβιμελὲχ ἐπὶ Ἀγροίππα τὸ χωρίον τῇ χειρὶ θεοῦ
     διεφυλάχθη

ψ ι θ υ ρ ι σ μ ό ς
  8,5 θεωρῶν τ. ἀνομίας... ἤγουν... γογγυσμούς, ψιθυρισμούς,
     μαντείας
  13,4 κ. ὅπου... γογγυσμός, ψιθυρισμός, εἰδωλολατρισμός, ...
     ἐκεῖ εἰσιν ἐργάται τ. τοιούτων

ψ υ χ ή
  10,5 τὸ μὲν πεδίον... οὗπερ ἔρχονται αἱ ψυχαὶ τ. δικαίων ὅταν
     ὁμιλῶσι συνδιάγοντες χοροὶ χοροί.

ὦ
  1,3 Σύνες, ὦ ἄνθρωπε, ἄνερ ἐπιθυμιῶν
  4,16 Γίνωσκε τοιγαροῦν, ὦ Βαρούχ

9,6   Ἄκουσον, ὦ Βαρούχ
17,4 Ὦ κ. ὑμεῖς, ἀδελφοί... δοξάσατε κ. αὐτοὶ τ. θεόν

ὥρα
  3,5   μία γυνὴ πλινθεύουσα ἐν τῇ ὥρᾳ τοῦ τεκεῖν αὐτὴν οὐ
        συνεχωρήθη ἀπολυθῆναι
  14,1 Κ. αὐτῇ τῇ ὥρᾳ ἀπῆλθεν ὁ Μιχαήλ
  15,1 Κ. αὐτῇ τῇ ὥρᾳ κατῆλθεν ὁ Μιχαήλ, κ. ἠνοίγη ἡ πύλη

ὡραῖος
  Tit. 2 κ. οὗτος ἐκάθητο ἐπὶ τ. ὡραίας πύλας, ὅπου ἔκειτο τὰ
          τ. ἁγίων ἅγια.
  9,6   τ. σελήνης... ταύτην ἣν βλέπεις ὡραία ἦν γεγραμμένη...
          ὡς οὐκ ἄλλη.

ὥς   (adv. et conj., cf. Reg.)

ὡσεί   (cf. Reg.)

ὥσπερ   (cf. Reg.)

II. REGISTRES

ἀλλά   1. *initiale*
1,2; 3,5; 3,8; 4,17; 6,6; 6,8; 7,2[1];
7,6; 9,7; 9,8 (*bis*); 10,3; 10,3[1]; 11,2[1];
13,2; 13,3; 13,4[1]; 16,2[1]; 16,4.

ἀλλήλων
ἀλλήλους
11,8.

ἅμα   1. ἅμα μετά (?)
7,5; 8,1; 9,1[1]; 17,1.

ἄν   1. *cum indicativo*
6,6[1]; 8,7.

ἀπό   1. *temporale*; 2. ἀφ' οὗ
2,5; 3,6[2]; 4,2; 4,6 (*bis*); 4,7; 4,11;
6,13; 7,1[2]; 8,1; 8,3; 10,8; 10,9; 11,1[1];
11,8 (*bis*); 13,3; 13,4; 17,2[1].

ἄρα
4,12.

ἆρα
4,13.

ἄρτι
4,9; 6,13; 11,4; 14,2.

αὐτός   1. δι'αὐτοῦ; 2. *post praepos.*; 3. ἐν
αὐτῷ; 4. καὶ αὐτός; 5. *cum substantivo*

αὐτός
4,6; 4,13[4]; 17,4[4].

αὐτοῦ
1,1;   1,5[2]; 2,4; 2,5 (*bis*); 4,3; 4,6;
4,8 (*ter*); 4,13[1]; 4,13[2]; 4,13[1]; 4,15 ([1]); 4,15;
4,15[2] (*bis*); 4,16[1]; 4,16[5]; 4,16[2]; 4,17[1] (*bis*);
5,2; 5,3; 6,5; 6,7 (*bis*); 6,9; 6,10;
7,4; 7,5; 8,1; 8,2; 8,4; 8,5; 8,6[1]; 10,2.

αὐτῆς
2,2[1]; 3,1[1]; 3,5; 4,6[2]; 9,3[2]; 9,7; 11,8.

([1]) L'éditeur a omis par erreur le pro-
nom : τ. ἄγγελον αὐτοῦ.

αὐτῷ
2,3[3]; 4,12; 4,13; 4,15; 4,15[3]; 7,3;
10,3[3]; 10,5[3]; 11,6.

αὐτῇ
9,7; 14,1[5]; 15,1[5].

αὐτόν
1,2; 2,1; 4,4[2]; 4,8 (*bis*); 6,13; 8,1;
8,4 (*bis*); 11,6.

αὐτήν
3,5; 9,7; 10,4[2].

αὐτό (*accusat.*)
4,13.

αὐτοί
3,5; 9,4[4]; 13,4[4]; 17,4[4].

αὐτά (*nomin.*)
10,7.

αὐτῶν
1,2; 3,3; 3,6; 4,5[2]; 7,6; 12,2[2]; 13,1[2];
13,2[2]; 13,3[2]; 13,4[2]; 16,2; 16,3.

αὐτοῖς
3,6; 12,1; 13,3[3]; 15,4; 16,4.

αὐτούς
2,7;   3,8 (*ter*);   12,4;   13,4;   16,2;
16,3.

αὐτά (*accusat.*)
12,1; 15,2.

γάρ   1. οὐ γάρ; 2. μὴ γάρ
1,4; 1,5; 3,5; 4,17 (*bis*); 6,6[2]; 6,16 (*om.*
B); 6,16; 8,7[2]; 9,8; 13,4[1]; 15,2.

δέ   1. μέν... δέ
2,3 (*ter*); 2,7; 3,3 (*bis*); 4,10; 4,12;
4,15; 6,12; 7,5; 8,2; 8,6; 9,5[1]; 10,6[1];
10,7; 10,9[1].

διά   1. *locale*; 2. διὰ τί; 3. *cum infinitivo*

cum genitivo

2,2¹; 3,1¹; 4,8; 4,13 (*bis*); 4,15; 4,16; 4,17 (*ter*); 8,6 (*bis*); 11,9.

cum accusativo

4,1; 4,8 (*bis*); 8,3² (*bis*); 8,4³; 8,5²; 8,5 (*bis*); 8,6³.

διό

12,8; 13,4.

διότι

12,6.

ἐάν

1,7 (*bis*).

ἑαυτοῦ

ἑαυτῷ

4,12.

ἑαυτόν

17,3.

ἑαυτούς

4,16.

ἐγώ 1. ἐμοῦ, ἐμοί, ἐμέ; 2. *cum infinitivo*; 3. *cum participio*; 4. *post praepositionem*; 5. *cum nomine proprio.* — *N.B.* et cf. κἀγώ.

ἐγώ (et cf. Conc.)
1,1⁵; 1,7⁵ (*om.* B); 2,4⁵; 2,7; 4,1⁵; 4,8; 4,9⁵; 4,12; 5,1⁵; 7,1; 7,5³; 8,3³; 8,5⁵; 9,2⁵; 10,8⁵.

μου
1,1; 6,13; 11,6¹, ⁴; 12,8¹,⁴; 16,4 (*quater*).

μοι
1,3; 1,6 (*bis*); 1,7; 1,7¹; 1,8; 2,2 (*bis*); 2,3; 2,4; 2,6; 2,7 (*bis*); 3,1; 3,3; 3,4; 4,1 (*bis*); 4,2; 4,3 (*bis*); 4,8; 4,14; 5,2 (*bis*); 6,2; 6,3; 6,5; 6,8; 6,10; 6,11; 6,12; 6,13; 7,2; 7,6; 8,4; 8,5; 9,2; 9,4; 10,7; 11,2; 11,4; 11,9; 12,3; 12,5; 13,2; 14,2.

με
1,3²; 1,4; 2,1 (*bis*); 2,2 (*bis*); 3,1 (*bis*); 6,1 (*bis*); 6,4; 6,8 (*bis*); 7,3²; 8,1 (*bis*);

10,2; 11,1 (*bis*); 12,1²; 16,2; 17,2 (*bis*); 17,3.

ἡμεῖς (et cf. Conc.)
17,1.

ἡμῶν
13,3; 15,2; 15,4; 15,4 (*sic* mss).

ἡμᾶς
1,2 (*bis*); 13,1³; 13,3; 13,4²; 17,4.

εἰ
6,6¹; 8,7¹.

εἶναι 1. invenitur; 2. *cum participio*

ἐστί
Tit. 2¹; 1,2¹; 2,4; 2,5 (*ter*); 3,7; 4,4; 4,5; 4,6 (*bis*); 4,8; 4,9¹; 4,12; 5,2; 5,3 (*bis*); 6,3 (*bis*); 6,4; 6,9; 6,13; 6,15; 6,16; 7,2¹; 8,3; 8,5; 9,5¹; 10,4; 10,5; 10,6; 10,8¹; 10,9; 10,9¹; 10,10¹; 11,3; 11,8; 11,9; 13,3¹; 14,2.

ἐστέ
15,4.

εἰσίν
2,7 (*bis*); 3,4; 3,5; 9,4 (*bis*); 10,7; 12,2; 12,3; 12,5; 13,4.

ἦν
2,1¹; 3,3; 4,3; 6,2; 9,6²; 11,2².

ἦσαν
2,3²; 6,7; 9,3¹; 10,3¹.

ἐστέ (*imperat.*)
16,1.

ὤν
11,6¹.

οὖσα
9,8.

εἰς 1. *cum infinitivo*; 2. *locutio adverbialis*
1,2; 1,5; 3,1; 3,5¹; 4,9; 4,10; 4,10²; 4,15 (*ter*); 4,17; 6,7; 8,4; 10,1; 11,1; 12,4; 13,2²; 13,4 (*bis*); 15,4; 17,2²; 17,3; 17,4.

εἶτα
13,1; 15,4.

ἐκ   1. cum pronomine
2,1; 4,11; 4,16¹; 5,2; 10,3; 10,9¹;
10,10¹.

ἕκαστος
ἑκάστην
8,4.

ἐκεῖ
13,4 (bis).

ἐκεῖνος   1. post praepositionem
ἐκείνου
4,2; 4,12¹.

ἐμός
ἐμός
11,6.

ἔμπροσθεν   1. adverbium
6,2; 7,3¹; 8,1¹; 9,3; 11,9.

ἐν   1. cum infinitivo; 2. temporale; 3. in
locutione quadam
1,1; 1,2; 1,3¹; 1,7²; 2,2; 2,3; 2,4;
(3,1); 3,5; 3,5²; 3,5; 3,8 (bis); 4,6; 4,8;
4,12; 4,15; 6,13¹; 6,13; 6,16; 7,2 (bis);
7,3¹; 7,5; 9,2; 9,3 (bis); 9,7; 9,8³;
9,8²; 10,2; 10,3 (bis); 10,5; 12,1¹; 13,3;
13,4 (bis); 16,2; 16,3 (ter).

ἔνδον
2,3.

ἔνθα
11,9.

ἐνταῦθα
10,3.

ἐνώπιον   1. ἐνώπιον (θεοῦ)
1,5¹; 9,8 (bis).

ἔξω
4,10.

ἐπάνω
4,10.

ἐπεί
4,9; 4,13; 8,6.

ἐπειδή
5,2; 16,2.

ἐπί   1. ad mensuram
cum genitivo
Tit. 2 (bis); 4,10; 6,2; 6,16; 8,4; 8,5;
9,3; 10,6; 10,9; 12,3; 15,4.
cum dativo
15, 4; 16,2.
cum accusativo
Tit. 2; 2,2; 3,6¹; 4,10¹; 7,4; 8,1.

ἕτερος
ἕτερον
6,6.

ἕτεροι
13,1.

ἑτέρων
13,4.

ἑτέρους
12,6.

ἔτι
1,7; 16,3.

ἕως   (conjunctio)
11,2 (A : ὅπως); 11,2.

ἕως   (praepositio) 1. ἕως οὗ
2,5; 11,8 (bis); 13,5¹.

ἤ   1. ἢ τί
2,4¹ (bis); 3,7 (bis); 4,13¹.

ἤγουν
8,5.

ἡμέτερος
ἡμέτερος
11,7.
ἡμετέρου
11,6.

ἵνα   1. ἵνα μή ; 2. ἵνα τί
1,2² (bis); 2,4; 11,4; 13,2¹.

κἀγώ   (et cf. Conc.)
2,4.

καθώς
15,3.

καί (italic.) : *initiale*; 1. *adv.*,et cf. Conc.;
2. *post imperat.*; 3. καὶ αὐτός ; 4. *ante
pronomen*; 5. ὅτε, οὕτως, τε... καί ; 6. καί
ἰδού — *N.B.* et cf. κἀγώ, κἀκεῖ.

Tit. 1; 2⁵; 2; 1,1 (*bis*); 1,2; *1,2*; *1,3⁶*;
1,3 (*bis*); 1,3²; 1,4; 1,5; *1,6* (*bis*);
1,6²; *1,7*; 1,7; *1,8*; 1,8²; *2,1*; 2,1;
2,2; 2,2; *2,2* (*bis*); *2,3* (*bis*); *2,4*; *2,5*;
2,5; 2,5¹; *2,5*; 2,5¹; *2,6*; 2,6²; *2,7* (*bis*);
3,1 (*ter*); *3,2*; *3,3*; 3,3; *3,4*; *3,5*; 3,5⁵;
3,5; 3,5; *3,6*; *3,7*; 3,8 (*bis*); *4,1*;
4,1; *4,1*; *4,2*; *4,3*; 4,3; *4,3*; 4,3 (*bis*);
4,4 (*bis*); *4,5* (*bis*); *4,6*; 4,6³; 4,6¹;
4,6; 4,7 (*bis*); 4,7 (*bis*); *4,7*; *4,8* (*ter*);
4,8; 4,8¹; *4,8*; *4,9* (*bis*); 4,9 (*bis*);
4,10; 4,10 (*quinquies*); *4,11*; 4,11;
4,12¹; 4,12; *4,12*; *4,13*; 4,13³; *4,13*;
4,14; 4,14 (*bis*); 4,15 (*quinquies*);
4,16 (*bis*)⁵; 4,16 (*bis*); 4,17; *4,17*; *5,1*;
5,2¹; *5,3* (*bis*); 5,3¹; *6,1*; *6,2* (*ter*);
6,3 (*bis*); *6,4*; *6,5*; 6,5; *6,7*; 6,7;
6,7; *6,8* (*ter*); *6,9*; 6,9; *6,10*; *6,11* (*bis*);
6,11; *6,12* (*bis*); 6,12 (*bis*); 6,12²;
6,13; 6,13; *6,13* (*bis*); 6,13; *6,14*;
6,15; *6,16*; 6,16⁵; 6,16; *7,1* (*bis*);
7,2; 7,2 (*ter*); 7,2²; *7,3*; 7,3 (*ter*); *7,4*;
7,4 (*ter*); *7,5*; 7,5¹; 7,5 (*bis*); *7,6*; 7,6²;
7,6¹; *8,1* (*bis*); 8,1; *8,1*; 8,1; 8,2;
8,3; 8,3; *8,4*; 8,4 (*ter*); *8,4*; *8,5*; 8,5;
8,5; 8,5(*ter*); 8,6; *9,1*; 9,1¹; 9,1; 9,1¹; 9,1;
9,2; 9,2¹; *9,2* (*bis*); *9,3*; 9,3²; 9,3¹;
9,3; 9,3¹; 9,3; *9,3*; 9,3 (*bis*); *9,4*;
9,4; *9,4*; 9,4³; *9,5* (*bis*); *9,7* (*bis*);
9,7 (*bis*); *9,8* (*bis*); 9,8¹; *9,8*; 9,8; *9,8*;
10,1; *10,2*; 10,2; *10,3* (*bis*), *10,4*;
10,4 (*bis*); *10,5*; 10,5; 10,6; *10,7* (*bis*);
10,8; 10,8; *10,9*; 10,9 10,9¹; *11,1*;
11,2 (*ter*); 11,2²; *11,3* (*bis*); *11,4*;
11,5 (*bis*); 11,5; *11,6*; 11,6 (*quater*);
11,7; 11,7⁴; 11,7; *11,8* (**b**is); 11,8;
11,8; *11,9*; 11,9; *12,1* (*bis*); *12,2*;
12,2; *12,3*; *12,4*; *12,5*; *12,6* (*bis*);
12,6; *12,7*; 12,7⁴; 12,7; *12,8*; 12,8;
13,1; 13,1 (*ter*); *13,2*; *13,3*; 13,3 (*bis*);

13,4³; 13,4 (*ter*); *13,5*; *14,1*; 14,1;
14,1; *14,2* (*bis*); *15,1*; 15,1; *15,1*;
15,2; 15,2 (*bis*); *15,3*; 15,3¹; 15,3⁴;
15,3; 15,4¹; 15,4 (*bis*); *16,1*; 16,1¹;
16,1; 16,2 (*bis*); 16,3 (*ter*); 16,3 (*bis*);
16,4 (*bis*); *17,1*; 17,1; *17,2*; *17,3*;
17,4⁴; 17,4 (*bis*)³; 17,4 (*bis*).

κἀκεῖ
3,1; 3,3.

κατά 1. *distributivum*
    cum accusativo
6,16; 8,4¹.

μέν (et cf. Conc.) 1. *solitarium*
4,5¹; 9,5; 10,5; 10,9.

μετά 1. *post* εἶναι ; 2. ὁ μετά ; 3. *locutio
adverbialis*
    cum genitivo
4,2; 7,4; 8,1; 9,1 (*bis*); 11,6¹; 12,8²;
13,1; 16,3.
    cum accusativo
9,3³.

μή 1. *cum imperativo*; 2. *cum indicativo*;
3. οὐ μή ; 4. μὴ... ἀλλά
1,3; 1,7³; 4,13; 6,6²; 7,6¹· ⁴; 8,7²;
13,2; 16,1¹ (*bis*).

μηδέ
16,1.

μηδείς (et cf. Conf.)
  μηδέν
16,1.

ὁ 1. ὁ μέν; 2. ὁ δέ; 3. ὁ γάρ; 4. *cum nomine
proprio*; 5. *cum participio*; 6. *cum
infinitivo*; 7. *cum adverbio*; 8. *cum
pronomine interrogativo*; 9. *cum locu-
tione praepositionali*; 10. *cum propo-
sitione personali*; 11. *cum adjectivo
possessivo*; 12. *cum participio inserto*;
13. *cum substantivo inserto*; 14. *cum
pronomine inserto*; 15. *cum genitivo
inserto*; 16. *cum praepositione et
complemento insertis*; 17. *cum parti-*

cipio et complemento insertis; 18. *cum adverbio inserto*; 19. *cum adjectivo inserto*; 20. *cum adjectivo solo*; 21. *repetitum cum adjectivo vel participio*; 22. *cum praepositione et complemento*

ὁ

1,1; 1,2; 1,3 (*bis*)[21]; 1,6; 1,7 (*bis*); 1,8; 2,1 (*bis*); 2,5; 2,6; 2,7; 3,1; 3,6; 3,7; 3,8; 4,4; 4,4[16]; 4,5; 4,5[1]; 4,5[18]; 4,6[4]; 4,7[4]; 4,7 (*bis*); 4,7[4]; 4,8 (*quater*); 4,10 (*bis*); 4,13; 4,15; 4,16[4]; 5,2; 5,3; 5,3[4]; 6,1; 6,3; 6,5; 6,6; 6,8; 6,10; 6,13 (*bis*); 6,15; 6,16 (*om.* B); 6,16 (*bis*); 7,1 (*bis*); 7,2 (*bis*); 7,5; 7,6; 8,1; 8,4 (*bis*); 8,5; 9,3; 9,7; 9,8; 10,5; 10,9; 11,1; 11,2 (*ter*); 11,4; 11,6; 11,6[5]; 11,6[14]; 11,7; 11,7[14]; 11,7[17]; 11,8; 12,4; 12,5; 12,8[16]; 13,2; 13,3; 14,1[4]; 15,1[4]; 17,2.

ἡ

1,5[3]; 2,5; 3,3[2]; 4,3; 4,7; 4,8; 4,9; 4,11; 4,15; 5,2; 5,3 (*bis*); 6,13; 9,1; 9,8 (*bis*); 10,4; 11,2; 11,3; 14,2; 15,1; 17,1.

τό (*nominat.*)

2,4 (*ter*); 2,5 (*bis*); 2,5[15]; 4,8 (*bis*)[21]; 4,10 (*bis*); 4,15; 4,15[17]; 6,2; 6,3; 6,5; 6,9 (*bis*); 6,10; 6,12; 6,12[13]; 6,13; 6,16[5]; 8,2[2]; 8,3; 8,4[6]; 8,6[10]; 10,4; 10,4[16]; 10,5[1]; 10,5[5]; 10,6[2]; 10,8; 10,9[1]; 10,9[2·17]; 11,8 (*bis*).

τοῦ

1,1; 1,4; 1,5; 1,7; 1,8; 2,3; 2,4; 2,5 (*ter*); 3,5[6] (*bis*); 4,2 (*bis*); 4,9; 4,11; 4,14; 4,15[4]; 4,16; 4,16[4]; 4,16; 4,17; 6,2 (*bis*); 6,11; 6,12; 6,13 (*bis*); 6,15; 7,5; 8,1[6]; 8,3; 8,4; 8,6 (*ter*); 8,7; 9,7[4·19]; 9,8 (*ter*); 10,1; 10, 10 (*bis*); 11,2; 11,6[10]; 11,9[19]; 15,4.

τῆς

Tit. 2; 1,3; 1,7; 2,5; 2,7; 3,1[20]; 4,6; 4,8; 4,10 (*bis*); 4,11; 4,16; 4,16[15]; 4,17; 5,2; 6,3; 6,4; 6,11; 8,1; 8,3; 8,4; 8,5; 8,6[19]; 9,1; 9,8[15]; 10,6; 10,8; 10,9; 11,2; 11,8; 16,4; 17,4[14].

τῷ

1,3[6]; 3,5; 4,16[19]; 6,5; 6,13[6]; 6,14; 6,16; 7,2; 7,2[19] (*bis*); 7,3[6]; 7,5[6]; 8,1[6]; 8,5; 9,3; 9,7[4]; 12,1[6]; 14,2; 17,1; 17,3 (*bis*)[21].

τῇ

Tit. 2; 1,1; 1,7; 3,5; 9,3[7]; 9,7; 9,8; 14,1; 15,1.

τόν

1,2; 1,6; 2,2[19]; 2,4; 2,7; 3,4; 3,5; 3,6; 3,7; 4,1; 4,3[4]; 4,5; 4,8[4] (*bis*); 4,10 (*bis*); 4,15; 4,15[4]; 4,16[17]; 5,1; 6,3; 6,13; 6,15; 7,4; 7,5; 8,1 (*bis*); 8,3; 8,4; 9,7; 10,3; 10,4; 10,7 (*bis*); 11,7; 11,8; 12,1[4]; 12,2; 14,2; 15,2; 15,3; 17,4.

τήν

1,1; 3,5; 4,8; 4,14; 4,15 (*bis*); 4,16[16]; 4,16 (*bis*); 6,11; 6,16[19]; 7,4 (*bis*); 7,5[14]; 7,6; 8,4; 10,5; 11,2; 12,4; 12,8; 15,4.

τό (*accusat.*)

Tit. 2; 3,5[6]; 3,5; 4,10[2]; 4,10[7]; 4,12; 4,15 (*bis*); 6,6; 6,7[19]; 6,11; 6,14; 7,2; 7,3; 8,1; 8,6[6]; 13,5[10]; 17,2[9].

οἱ

2,3[2]; 2,7; 2,7[17]; 3,3[2]; 3,5[17]; 4,7[20]; 4,16[18]; 4,17[17]; 6,13; 9,4 (*bis*); 9,8; 10,6; 10,8; 15,2[3·5·18]; 17,4[5].

αἱ

2,3[2]; 8,5; 8,7[14]; 10,5; 11,5; 11,9; 12,5; 14,1.

τά (*nominat.*)

Tit. 2[15]; 2,3; 2,3[2]; 4,17[14]; 6,16 (*om.* B); 10,6; 10,7[2]; 12,2[5]; 12,5[7]; 13,4[14].

τῶν

Tit. 2; 1,8; 2,4; 2,6; 4,5[17·18]; 4,10 (*bis*); 4,11[12]; 4,15; 6,6; 6,16; 8,1; 8,5; 9,1; 10,3[7]; 10,3[9]; 10,5; 10,8; 10,9[16]; 11,2; 11,4; 11,9; 12,3; 12,5; 13,4[14]; 14,2; 15,3; 16,1; 16,4[17]; 16,4 (*ter*); 17,4.

τοῖς

2,4; 6,16[22]; 11,7[17·18]; 15,2[5·18]; 15,2; 15,3; 15,4[13]; 15,4[17]; 16,1[17]; 16,2.

ταῖς
7,5.

τούς
6,16¹⁶; 7,4; 8,1; 10,9; 12,4; 13,5;
15,2⁵; 15,2; 15,3; 15,3¹⁷; 15,4; 16,1;
16,4; 17,4.

τάς
Tit. 2¹⁹; 3,6; 4,10¹⁹; 6,5; 6,5¹⁹; 6,7;
6,13¹⁹; 7,5¹⁴; 8,2; 8,4; 8,5 (bis); 8,6¹³;
8,7¹³; 9,7; 11,4; 11,7; 14,2¹³.

τά (accusat.)
1,5; 1,8; 4,5; 4,12⁹; 8,5¹⁴; 12,6;
15,2; 15,2¹⁹; 15,4⁵; 15,4; 16,3.

ὅδε   1. τάδε λέγει
τάδε
1,3¹; 4,15¹; 15,4¹; 16,1¹.

οἷος
οἷον
4,17.

ὅμοιος   1. cum genitivo
ὁμοία (fem.)
3,1¹; 3,3¹.

ὅμοια (plur. neutr.)
4,17¹; 8,5¹; 10,3¹; 13,4.

ὁμοίως
9,3.

ὄπισθεν
7,4.

ὅπου   1. ἐκεῖ... ὅπου
Tit. 2; 2,1 (bis); 6,1; 13,4¹ (bis).

ὅπως   1. cum indicativo
1,1¹; 1,2¹; 1,4; 4,13; 4,14; 5,3; 11,2
(B : ἕως); 17,4.

ὅς   1. ἀφ'οῦ;   2. cum praepositione
ὅς
Tit. 2.

ὅ (nominat.)
6,2; 10,10.

οὗ
2,5 (bis); 3,6¹; 7,1¹; 7,4; 13,5².

ᾧ
2,4²; 4,6²; 4,8²; 6,13².

ὅν
2,1.

ἥν
2,5; 4,8; 9,6.

ὅ (accusat.)
11,8; 12,7.

ὧν
Tit. 1²; 2,1; 2,3; 4,7.

οἷς
3,5².

οὕς
3,5.

ἅ (accusat.)
10,7.

ὅσος   1. τοσοῦτος ... ὅσος
ὅσον
2, 5¹; 2,5; 5,3¹; 11,8 (bis).

ὅσα
7,2; 11,9.

ὅσπερ
ὅπερ
10,6; 10,8.

ᾧπερ
6,12.

ὅστις
ὅστις
4,6.

*ὅτινη (B : ωτινη ; dat.?)
4,8.

ἅτινα
8,5; 11,9.

ὅταν   1. cum indicativo
4,11¹; 8,1¹; 8,4; 10,5.

ὅτε   1. ὅτε καί
Tit. 2¹; 4,10; 9,7.

ὅτι   1. causativum
1,3¹; 1,7; 4,15¹; 4,16; 5,2; 9,5; 10,8;
10,10; 13,1¹; 13,3¹ (bis); 15,4; 16,4¹.

οὐ   1. οὐ μή; 2. οὐκ ἄν; 3. *cum participio*; 4. *cum adjectivo*, 5. *cum substantivo*; 6. οὐκ... ἀλλά

1,2⁶; 1,7¹; 3,5⁶; 3,8⁶; 4,6; 4,7; 4,8; 6,6²; 7,4; 8,5; 8,7²; 9,6⁴; 9,7⁶; 9,8⁶; 9,8; 10,3⁴; 11,2(*bis*); 12,6³; 12,6(*bis*); 12,8; 13,2; 13,3; 13,3⁶; 13,4; 16,2⁵; 16,4⁶.

οὐδέ   1. οὐ(...) ... οὐδέ; 2. οὐδὲ... ἀλλά

2,1¹; 9,8; 13,4¹ (*bis*); 16,4¹·² (*bis*).

οὐδείς   (et cf. Conc.)

οὐδείς
2,1.

οὐδέν
4,17; 13,3.

οὖν   1. *post imperativum*
5,3¹; 10,10¹.

οὗπερ
10,5.

οὔτε   1. οὐ(...) ... οὐτέ; 2. οὔτε... ἀλλά
4,17¹·² (*ter*); 6,6; 6,8¹·² (*bis*).

οὗτος   1. *cum substantivo*; 2. *cum participio*; 3. καὶ οὗτος; 4. *post praepositionem*

οὗτος
Tit. 2; 4,4¹; 4,6; 6,15¹; 11,2¹.

αὕτη
2,5¹; 6,13¹; 11,3¹.

τοῦτο   (*nominat.*)
6,3; 6,3¹; 6,5¹; 6,6¹; 6,9¹; 6,16; 10,9; 11,9.

τούτου
4,14¹; 4,15; 5,3; 7,4⁴; 8,7; 10,9⁴; 10,10⁴; 11,1⁴.

ταύτῃ
9,1.

τοῦτον
4,17¹; 8,4.

ταύτην
9,2³; 9,3³ (*bis*); 9,6.

τοῦτο   (*accusat.*)
1,2; 4,8⁴ (*bis*); 8,5⁴.

οὗτοι
2,7¹; 2,7; 3,4; 3,5; 12,2; 12,3.

ταῦτα   (*nominat.*)
12,5¹.

τούτων
1,6; 4,7; 4,17; 5,3; 8,5; 9,1².

τούτοις
13,4; 16,3⁴.

ταύτας
6,6.

ταῦτα   (*accusat.*)
1,6; 3,8; 4,13; 4,17; 6,8; 8,3; 8,5; 10,1.

οὕτως   1. οὕτως ὥσ(περ); 2. οὕτως καί
4,16¹·²; 6,8; 6,16¹·² (*om.* B); 8,4; 9,8¹; 11,8; 13,1.

παρά   1. παρὰ(Θεοῦ)
cum genitivo
1,7; 4,9¹; 4,15; 10,1; 12,2; 13,5¹.

παρόμοιος
παρόμοιος
4,6.

πᾶς   1. πᾶς ὅς ; 2. *post praepositionem*
πᾶσα
8,7; 13,3.

πᾶν   (*nominat.*)
4,17.

παντός
11,6.

παντί
9,8².

πᾶσαν
4,10.

πᾶν   (*accusat.*)
4,10.

πάντα   (*nominat.*)
4,17; 7,2¹.

πάντων
4,7.

πασῶν
2,1²; 10,3².

πάντα (accusat.)
1,4; 4,1; 10,1; 10,3.

περί 1. τὰ περί; 2. insertum cum complemento post articulum
  cum genitivo
Tit. 1; 1,1; 1,3; 4,12¹; 4,13; 4,14; 8,6.
  cum accusativo
4,4²; 10,4².

ποῖος
ποίῳ
9,2.

πολύς 1. post praepositionem
πολλῶν
15,4¹.

πολλά (accusat.)
4,14.

πόσος
πόση
5,2.

ποτέ 1. repetitum
9,5¹ (bis); 13,4.

ποῦ
1,2; 7,1; 9,2.

πρό 1. πρὸ προσώπου
1,4¹.

πρός
5,1; 7,3; 12,1.

πῶς
4,7; 4,9; 6,4; 8,6; 9,2; 9,8; 10,8.

σύ 1. post praepositionem; 2. καὶ σύ
σύ (et cf. Conc.)
11,7².

σου
1,2; 1,4; 1,5; 1,7¹; 2,4; 2,7; 3,4; 4,8; 13,3.

σοι
1,4; 1,6; 1,8; 2,6; 5,3; 7,2.

σε
1,3; 5,1.

ὑμεῖς (et cf. Conc.)
12,7²; 15,3²; 17,4².

ὑμῶν
15,4 (ed. ἡμῶν).

ὑμᾶς
15,4.

σύν
16,3.

τε
3,5.

τίς 1. τί ἄρα; 2. cum subjunctivo; 3. ἵνα τί; 4. post praepositionem
τίς
4,4 (bis); 10,4.

τί (nominat.)
2,4 (ter); 2,7; 4,12¹; 6,3; 6,9 (bis); 6,13; 6,15; 9,3; 9,5; 10,4 (bis); 11,3; 11,8; 12,2; 13,5²; 14,2.

τί (accusat.)
1,2³; 1,2; 1,2³; 4,8; 4,13 (bis); 4,14; 6,11; 8,3⁴ (bis); 8,5⁴; 13,2.

τίνες
3,4; 12,2.

τις
τι
4,6; 6,6.

τοιγαροῦν
4,16.

τοιοῦτος 1. cum substantivo
τοιούτου
17,3¹.

τοιαύτης
17,4¹.

τοιαύτην
7,5¹.

τοιούτων
13,4.

τοιαῦτα
1,2[1]; 1,3.

τοσοῦτος 1. *cum substantivo*
τοσαύτη
5,3.

τοσοῦτον (*nominat.*)
2,5; 8,3[1].

τοσούτου
4,9[1].

τοσοῦτον (*accusat.*)
1,3.

τοσαύτην
4,9[1].

ὑπέρ
Tit. 2.

ὑπό
1,1; 4,5; 4,15; 6,2; 6,16; 9,6; 9,8 (*bis*);
13,1 (*sic*); 13,2 (*sic*).

ὡς (*adverbium*)   1. οὕτως… ὡς
2,2; 4,3; 6,2; 6,7; 6,13; 6,16[1] (*om.* B);
8,6; 9,3; 9,6; 10,3; 11,3; 11,5; 14, 1.

ὡς   (*conjunctio*)
(3,6); 3,8; 8,7.

ὡσεί
2,2; 3,2; 4,2; 4,6; 6,7.

ὥσπερ   1. οὕτως… ὥσπερ
4,15; 4,16[1]; 9,8[1].

BIBLIOTHÈQUE DU *MUSÉON*

1929 - 1968
collection publiée conjointement à Louvain par :

INSTITUT ORIENTALISTE et INSTITUUT VOOR ORIËNTALISTIEK

Les volumes sont brochés jusqu'au nº 49, et toilés à partir du nº 50.
Les nouveautés et les récentes réimpressions sont marquées d'un astérique.
(Explanations in English on last page).

1. A. VAN LANTSCHOOT, *Recueil des colophons des manuscrits chrétien d'Égypte.*

>Tome I. *Les colophons coptes des manuscrits sahidiques.* 2 fascicules (seuls parus), 1929, XVIII-224-154 p.　　　　Épuisé.

2. G. RYCKMANS, *Les noms propres sud-sémitiques.*　　　　Épuisé.

>Tome I. *Répertoire analytique.* 1934, XXI-415 p.

>Tome II. *Répertoire alphabétique.* 1934, 134 p.

>Tome III. *Concordance générale des inscriptions sud-sémitiques.* 1935, XXIV-207 p.

3. J. MUYLDERMANS, *A travers la tradition manuscrite d'Évagre le Pontique. Essai sur les manuscrits grecs conservés à la Bibliothèque Nationale de Paris.* 1932, 96 p.　　　　180 fr.

4. Le Muséon, *Tables des années 1882 à 1931*, dressées par Arn. VAN LANTSCHOOT. 1932, VII-141 p.　　　　Épuisé.

5. W. COUVREUR, *De Hettitische Ḫ. Een bijdrage tot de studie van het Indo-Europeesche vocalisme.* 1937, XII-395 blz.　　　　Uitverkocht.

6. G. RYCKMANS, *Grammaire accadienne.* 4ᵉ éd. revue par P. NASTER. 1960, XX-121-29* p.　　　　300 fr.

7. É. LAMOTTE, *La Somme du Grand Véhicule d'Asanga (Māhāyānasaṃgraha).*
　　　　Épuisé.

>Tome I. *Versions tibétaine et chinoise (Hiuan-tsang).* 1938, VIII-99 p., 10 pl.

>Tome II. *Traduction et commentaire.* 1938, VIII-345-72* p.

8. P. NASTER, *L'Asie Mineure et l'Assyrie aux VIIIᵉ et VIIᵉ siècles av. J.-C. d'après les Annales des rois assyriens.* 1938, XVIII-119 p.　　　　Épuisé.

9. A. GHILAIN, *Essai sur la langue parthe, son système verbal, d'après les textes manichéens du Turkestan Oriental.* 1939, VIII-119 p. Réimpr. 1966.
　　　　230 fr.

10. C. VAN DEN EYNDE, *La version syriaque du commentaire de Grégoire de Nysse sur le Cantique des Cantiques.* 1939, XII-132 p.　　　　Épuisé.

11. A.J. VAN WINDEKENS, *Lexique étymologique des dialectes tokhariens.* 1941, LV-219 p.　　　　Épuisé.

12. P. NASTER, *Chrestomathie accadienne.* 1941, XVI-104 p. Réimpr.　240 fr.

13. S. BINON, *Les origines légendaires et l'histoire de Xéropotamou et de Saint-Paul de l'Athos* (publié par F. HALKIN). 1942, XV-334 p.　　　　480 fr.

14. B.L. VAN HELMOND, *Masʿoud du Ṭour ʿAbdin. Un mystique syrien du XVᵉ siècle.* 1942, XIV-64-103* p.　　　　240 fr.

15. J. Masson, *La religion populaire dans le Canon bouddhique pali.* 1942, 156 p. 240 fr.

16. L.Th. Lefort, *Les vies coptes de saint Pachôme et de ses premiers successeurs.* (Traduction française). 1943, xci-432 p. Réimpr. 1966. 500 fr.

17. A.J. Van Windekens, *Morphologie comparée du tokharien.* 1944, xviii-380 p. Épuisé.

18. É. Lamotte, *Le traité de la Grande Vertu de Sagesse de Nāgārjuna.*
Tome I. *Chap. I à XV.* 1944, xxxii-620 p. Réimpr. 1966.
Tome II. *Chap. XVI à XXX.* 1949. xxii p. - p. 621 à 1118. Réimpr. 1967. Les 2 vol. : 1200 fr.
(Le Tome III est sous presse, à paraître sous le n° 2 de la collection « Publications de l'Institut Orientaliste de Louvain » mentionnée ci-dessous).

19. J. Vergote, *Phonétique, historique de l'égyptien.* 1945, iv-150 p. Épuisé.

20. M. Hofinger, *Étude sur le concile de Vaiśālī.* 1946, 300 p. 300 fr.

21. A. Van Roey, *Nonnus de Nisibe, Traité apologétique. Étude, texte et traduction.* 1948, xii-62-72* p. 300 fr.

22. A. van Lantschoot, *Un précurseur d'Athanase Kircher, Thomas Obicini et la* scala *Vat. copte 71.* 1948, xv-88 p. 300 fr.

23. C.H. Roberts and Dom B. Capelle, *An Early Euchologium. The Dêr-Balizeh Papyrus Enlarged and Reedited.* 1949, 72 p. 240 fr.

24. É.M. Buytaert, *L'héritage littéraire d'Eusèbe d'Émèse. Étude critique et historique. Textes.* 1949, xiv-192-217* p. 480 fr.

25. A. van den Branden, *Les inscriptions thamoudéennes.* 1950, xvi-597 p., 22 pl. 600 fr.

26. G. Ryckmans, *Les religions arabes préislamiques.* 2ᵉ éd. 1951, 65 p. Épuisé.
(Voir l'ouvrage annoncé dans la collection « Publications de l'Institut Orientaliste de Louvain » mentionnée ci-dessous).

27. H. De Meulenaere, *Herodotus over de 26ᵉ Dynastie.* 1951, xxiv-158 blz. 240 fr.

28. Jacques Ryckmans, *L'institution monarchique en Arabie méridionale avant l'Islam (Ma'în et Saba).* 1951, xxiv-368 p. 480 fr.

29. A.J. Van Windekens, *Le pélasgique. Essai sur une langue indo-européenne préhellénique.* 1952, xii-179 p. 325 fr.

30. A. Jamme, *Pièces épigraphiques de Heid bin 'Aqîl, la nécropole de Timna' (Hagr Koḥlân).* 1952, xix-242 p., 26 pl. 450 fr.

31. J. Muyldermans, *Evagriana Syriaca. Textes inédits du British Museum et de la Vaticane.* 1952, x-186 p. 300 fr.

32. J. Gribomont, *Histoire du texte des Ascétiques de saint Basile.* 1953, xix-348 p. 850 fr.

33. P. van den Ven, *La légende de saint Spyridon, évêque de Trimithonte.* 1953, 158*-200 p., 4 pl. 400 fr.

34. M. Hofinger, *Le Congrès du Lac Anavatapta (Vies de saints bouddhiques).* I. *Légendes des Anciens.* 1954, 346 p. 480 fr.

35. A.J. Van Windekens, *Contributions à l'étude de l'onomastique pélasgique.* 1954, viii-76 p. 120 fr.

36. R.B. Slametmuljana, *Poëzie in Indonesia. Een literaire en taalkundige studie.* 1954, xvi-248 blz. 240 fr.

37. R. HESPEL, *Le florilège cyrillien réfuté par saint Sévère d'Antioche. Étude et édition critique.* 1955, XX-258 p.   360 fr.

38. G. GARITTE, *L'ancienne version géorgienne des Actes des Apôtres d'après deux manuscrits du Sinaï.* 1955, 184 p.   300 fr.

39. A. CARNOY, *Dictionnaire étymologique du Proto-indo-européen.* 1955, XII-224 p.   Épuisé.

40. A. VAN DEN BRANDEN, *Les textes thamoudéens de Philby.* I. *Inscriptions du Sud.* 1956, XVI-192 p., 15 pl.   240 fr.

41. A. VAN DEN BRANDEN, *Les textes thamoudéens de Philby.* II. *Inscriptions du Nord.* 1956, XXXIV-163 p., 23 pl.   240 fr.

42. Jacqueline PIRENNE, *Paléographie des inscriptions sud-arabes. Contribution à la chronologie et à l'histoire de l'Arabie du Sud antique.* Tome I, *Des origines jusqu'à l'époque himyarite.* (Verhand. van de Kon. Vlaamse Academie voor Wetenschappen, Letteren en Schone Kunsten van België, Kl. der Letteren, Verh. nr. 26). Brussel, 1956, 337 p., 34 pl., 6 tableaux.   900 fr.

*43. É. LAMOTTE, *Histoire du Bouddhisme Indien.* **Des origines à l'ère Śaka.* 1958, XII-862 p., 30 pl., 7 dessins, 5 cartes. Réimpr. 1967.   1150 fr.
(La suite paraîtra dans la collection « Publications de l'Institut Orientaliste de Louvain » mentionnée ci-dessous).

44. M. MARTIN, *The Scribal Character of the Dead Sea Scrolls*, I. 1958, XXXII-410-70* p.   690 fr.

45. M. MARTIN, *The Scribal Character of the Dead Sea Scrolls*, II. 1958, II- p. 411 à 718-14* p.   460 fr.

46. A. CARNOY, *Dictionnaire étymologique des noms grecs de plantes.* 1959, XI-277 p.   400 fr.

47. J. DORESSE et E. LANNE, *Un témoin archaïque de la liturgie copte de saint Basile.* B. CAPELLE, *Les liturgies « basiliennes » et saint Basile.* 1960, II-75 p., 5 pl.   120 fr.

48. Jacqueline PIRENNE, *Le royaume sud-arabe de Qatabân et sa datation d'après l'archéologie et les sources classiques, jusqu'au Périple de la Mer Érythrée.* Cartes et planches. 1961, XV-248 p.   400 fr.

49. A.J. VAN WINDEKENS, *Études pélasgiques.* 1960, XI-163 p.   300 fr.

50. *Expédition Philby-Rijckmans-Lippens en Arabie.*
I, 3, E. ANATI, *Rock-Art in Central Arabia :*
    *Vol. 1, *The « Oval-Headed » People of Arabia*, VI-198 p., 97 fig., 57 pl., 1968.   420 fr.
    Vol. 2, Part I : *Fat-Tailed Sheep in Arabia*; Part II : *The Realistic-Dynamic Style of Jebel Qara*, VI-82 p., 19 fig., 8 pl., 1968.   180 fr.
II, 1, A. GROHMANN, *Arabic Inscriptions.* 1962, XXVIII-193 p., 24 pl. 400 fr.
    (Les autres volumes paraîtront dans la collection « Publications de l'Institut Orientaliste de Louvain » mentionnée ci-dessous).

51. É. LAMOTTE, *L'enseignement de Vimalakīrti.* 1962, XV-488 p.   500 fr.

52. A. GROHMANN, *Arabic Papyri from Ḫirbet el-Mird.* 1963, XLVI-126 p., 35 pl.   580 fr.

53. G. JUCQUOIS, *Phonétique comparée des dialectes moyen-babyloniens du nord et de l'ouest.* 1966, 318 p., 8 pl.   850 fr.

*54. R. SHIH, *Biographies des Moines Eminents* 高僧傳 *de Houei-Kiao* 慧皎.
(Traduction). Première partie : *Biographies des premiers traducteurs.* 1968,
XIV-210 p., + texte chinois.   800 fr.

(La suite paraîtra dans la collection « Publications de l'Institut Orienta-
liste de Louvain » mentionnée ci-dessous).

———

**La collection « Bibliothèque du Muséon » est clôturée. Elle est remplacée,
à partir de 1969, par les collections** « Publications de l'Institut Orientaliste
de Louvain » et « Orientalia Lovaniensia Analecta ».

———

ORIENTALIA ET BIBLICA LOVANIENSIA
1954 - 1962

collection publiée conjointement à Louvain par :

INSTITUT ORIENTALISTE et INSTITUUT VOOR ORIËNTALISTIEK

1. *L'Ancien Testament et l'Orient.* Études présentées aux VIe Journées
Bibliques de Louvain (11-13 septembre 1954). 1957, 230 p.
                                       toilé : 300 fr. — broché : 250 fr.
2. F. GILS, *Jésus Prophète d'après les Évangiles synoptiques.* 1957, XI-196 p.
                                       toilé : 230 fr. — broché : 190 fr.
3. J. VERGOTE, *Joseph en Égypte. Genèse chap. 37-50 à la lumière des études
égyptologiques récentes.* 1959, XI-219 p.   toilé : 200 fr. — broché : 160 fr.
4. *Le Psautier, ses origines, ses problèmes littéraires, son influence.* Études
présentées aux XIIe Journées Bibliques de Louvain (29-31 août 1960),
éditées par R. DE LANGHE. 1962, 453 p.   toilé : 450 fr.

Cette collection est clôturée.

———

Hors série :

I. MISKGIAN, *Manuale lexicon armeno-latinum.* Roma, Sacra Congregatio de
Propaganda Fide, 1887, XXVIII-484 p. Reproduction anastatique. Louvain,
1966.   480 fr.
*Trentième anniversaire de l'Institut Orientaliste, 1er février 1966 / Dertig jaar
Instituut voor Oriëntalistiek, 1 februari 1966.* [Discours académiques,
en français et néerlandais, de J. VERGOTE, Mgr G. RYCKMANS, J. RYCK-
MANS, Mgr A. DESCAMPS; conférence en français de G. TUCCI, *Explora-
tions récentes dans le Svat.* (Textes publiés dans *Le Muséon* 79, 1-2, 1966)].
Louvain, 1966, 72 p.   70 fr.

PUBLICATIONS
DE L'INSTITUT ORIENTALISTE DE LOUVAIN

Collection fondée en 1969 par l'Institut orientaliste de langue française de
l'Université Catholique de Louvain.

Sauf indication contraire, les volumes sont brochés.

*1. A. DENIS, *Concordance de l'Apocalypse de grecque de Baruch,* publiée
avec la collaboration de Y. JANSSENS. XI-94 p. 1969.   270 fr.

*2. É. LAMOTTE, *Le traité de la Grande Vertu de Sagesse de Nāgārjuna.*
            Tome III. Chap. XXXI-XLII. Sous presse. A paraître vers mai 1970.
Les Tomes I et II ont paru sous le n° 18 de la « Bibliothèque du *Muséon* ».
(Réimpr. 1946 et 1947).

—

En préparation :
Jacques RYCKMANS, *Le paganisme sud-arabe préislamique.*

—

D'autres volumes sont prévus pour 1971.

Adressez les commandes à l'adresse suivante :

<table>
<tr><td>
Institut Orientaliste
(*publications*)
Bibliothèque de l'Université
Pl. Mgr Ladeuze
B-3000 - Louvain
Belgique
</td><td>
Instituut voor Oriëntalistiek
(*uitgaven*)
Universiteitsbibliotheek
Mgr. Ladeuzeplein
B-3000 - Leuven
België
</td></tr>
<tr><td>
Compte de chèques postaux,
Bruxelles, n° 3782.26
Société Générale de Banque,
Louvain, n° 48.829.00
</td><td>
Postcheck-rekening,
Brussel, n^r 3782.26
Generale Bankmaatschappij
Leuven, n^r 48.829.00
</td></tr>
</table>

Conditions :

Nous accordons une remise de 30% aux libraires et éditeurs, et de 10% aux
bibliothèques. Les frais d'envoi et les taxes assimilées au timbre sont toujours
à charge des acheteurs. MM. les correspondants étrangers sont priés de régler
les factures par tranches inférieures à 10.000 frs belges.

———————

Les commandes relatives à la Revue « *Le Muséon* » doivent être adressées
directement à l'adresse suivante : « *Le Muséon* », c/o Imprimerie Orientaliste,
P.B. 41 Leuven (*Belgique*).

———————

Faites-vous envoyer le dernier catalogue de nos publications.

Imprimerie Orientaliste, s.p.r.l., Louvain (Belgique)